Kai Sebastian Pöpken
Hans-Peter Richter

GESELLSCHAFTS-RECHT

INHALTSÜBERSICHT

Vorwort und Dank

Vorwort zur 6. Auflage

Die vorliegende 6. Auflage des Gesellschaftsrechts aktualisiert den Inhalt, ohne das seit Jahren bewährte Konzept des Buches zu verändern.

Hans-Peter Richter, Dänischenhagen im Oktober 2008

Danke!

Mein Dank gilt Kai Sebastian Pöpken, der das von mir konzipierte Skript ergänzt, fertig gestellt und nun für die 6. Auflage überarbeitet hat.

Hans-Peter Richter, Dänischenhagen im Oktober 2015

COPYRIGHT: Richter-Verlag
              Hans-Peter Richter
              Paul-Schroeder-Straße 18
              24229 Dänischenhagen
              Tel. 04349-1725
              Fax 04349-571
              e-mail: RICHTER-VERLAG@t-online.de
              Website: www.Richter-Verlag.de

Druck und Verarbeitung: Druckerei Schmidt & Klaunig, Kiel

Weitere Bücher dieser Reihe sind erhältlich über den Buchhandel oder direkt vom Verlag.

6. Auflage 2016

ISBN 978-3-935150-34-7

Einleitung

Zum Skriptum

Das vorliegende Skriptum soll dem Studierenden einen Einstieg in das Gesellschaftsrecht ermöglichen.

Das Skriptum erhebt nicht den Anspruch der Wissenschaftlichkeit, sondern es will als Lernhilfe verstanden sein. Sprachliche, wie gedankliche Ausgestaltung sind daher diesem Zweck angepasst, um so ein möglichst unproblematisches Durcharbeiten zu gewährleisten. Um diesem Ziel gerecht zu werden, wurde bewusst weitgehend auf die Verarbeitung von Literatur und Rechtsprechung in Form von Zitaten verzichtet.

Aufgrund des verhältnismäßig geringen Umfangs dieses Skriptes können die behandelten Gebiete nicht in allen Tiefen dargestellt werden.

Dieses Skriptum ersetzt weder ein Lehrbuch noch eine **gute** Vorlesung!

Es ist vielmehr als Einstieg in dieses Rechtsgebiet gedacht, der es ermöglichen soll, den dargestellten Stoff besser verstehen und einordnen zu können. Es sei hier deshalb dringend empfohlen, nach der intensiven Durcharbeit dieses Skriptums auch vertiefende Literatur heranzuziehen!

Zur Benutzung des Skriptums

Das Skriptum enthält drei verschiedene Blöcke:

Stoffvermittlung
Fallbearbeitung
Wiederholung/ Lernkontrolle

Die Stoffvermittlung erfolgt durch eine straffe Darstellung der wesentlichen Grundzüge des zu behandelnden Stoffes.

Die Fallbearbeitung zeigt die Anwendung einiger ausgewählter Themen des Stoffes auf einen einfachen konkreten Fall. In diesem Skriptum konnten nur einige wenige Fälle behandelt werden. Zur Übung im Umgang mit dem Gesellschaftsrecht in der Fallbearbeitung sei daher das Buch von

Wolfram Timm, Fälle zum Handels- und Gesellschaftsrecht, 9. Auflage 2013

empfohlen.

Die Lernkontrolle/ Wiederholung erfolgt anhand von Fragen, die den vorangegangenen Stoff betreffen. Die Antworten sind dabei zunächst abzudecken, um so eine ernsthafte Selbstkontrolle zu ermöglichen.

Zu Beginn sollte der jeweilige Stoff gründlich erarbeitet werden, d.h. der Stoffteil muss gelesen, verstanden und gelernt werden! Folgt nun im Text der Bearbeitungsfall, so ist zu versuchen, diesen selbständig zu lösen und anschließend mit der Musterlösung zu vergleichen. Am Ende des Kapitels sollen die Wiederholungsfragen unbedingt beantwortet werden.

Hat man auf diese Weise Kapitel für Kapitel durchgearbeitet, empfiehlt es sich, in einem zweiten Durchgang zunächst noch einmal die Fälle selbständig zu lösen.

Auch die Wiederholungsfragen sollte man nochmals beantworten (aufschreiben, welche Fragen nicht gewusst wurden und im Stoffteil des Skriptums nacharbeiten!).

Soweit Literaturangaben vorhanden sind, sollte der Leser diese vertiefende Literatur nunmehr durcharbeiten. Es empfiehlt sich mehrere Lehrbücher zum Thema zu vergleichen und zu überlegen, mit welchem man am besten arbeiten kann.

Konnten die Wiederholungsfragen nicht beantwortet werden, sollten diese zum Schluss nochmals bearbeitet werden. Auf diese Weise ist ein optimaler Lerneffekt gewährleistet.

Ich danke meinen Eltern, Mika und Daniela für ihre hilfreiche Unterstützung.

Heidelberg, September 2015   Kai Sebastian Pöpken

1. Kapitel
Allgemeines zum Gesellschaftsrecht

Die wirtschaftliche Bedeutung des Gesellschaftsrechts

Das Gesellschaftsrecht entstand aus dem wirtschaftlich begründeten Bedürfnis, Gesellschaften zu gründen und zu betreiben.

Der Grund für eine Gesellschaftsgründung kann vielfältiger Art sein.

Die beiden wichtigsten dürften die **Kapitalverschaffung** und die **Risikobegrenzung** sein. **Sekundär** dürften dagegen **steuerliche Gründe** eine Rolle spielen. Diese bestimmen meist nicht, ob eine Gesellschaft gegründet wird, sondern bestimmen allenfalls die Wahl der **Gesellschaftsform**.

Daneben können die Arbeitsverteilung, Erhöhung der Wettbewerbsfähigkeit oder auch persönliche Gründe (z.B. Erbfolgeregelung) eine Rolle spielen.

Die Stellung des Gesellschaftsrechts im Gesamtrechtssystem

Das GesR ist ein Teil des **besonderen Privatrechts**. Daher gelten die **Vorschriften des BGB** auch für alle Gesellschaften, soweit sich in den speziellen Gesetzen keine Sonderregelungen finden. Soweit es kein Gesetz gibt, das die Form der Gesellschaft erfasst, sind die §§ 705 ff BGB über die Gesellschaft bürgerlichen Rechts anwendbar.

Die Vorschriften des Gesellschaftsrechts

Vorschriften des GesR sind nicht in einem Gesetz zusammengefasst, sondern finden sich in diversen Gesetzen. Wichtigste Quellen sind das **BGB** (§§ 705 – 740) und das **HGB**. Daneben gibt es eine Reihe von Spezialgesetzen, die einzelne Gesellschaftsformen regeln, so das **GmbHG**, das **Aktiengesetz**, das **Genossenschaftsgesetz** oder auch das Mitbestimmungs- und Betriebsverfassungsgesetz. Soweit in diesen Spezialgesetzen keine Regelung enthalten ist, kommt zunächst das allgemeinere HGB zur Anwendung, sofern auch dort eine Regelung fehlt, ist das BGB anzuwenden. Vgl. dazu auch die nachstehende Übersicht zur systematischen Stellung des Gesellschaftsrechts im Gesamtrechtssystem.

Grober Überblick über die Stellung des Gesellschaftsrechts im Gesamtrechtssystem

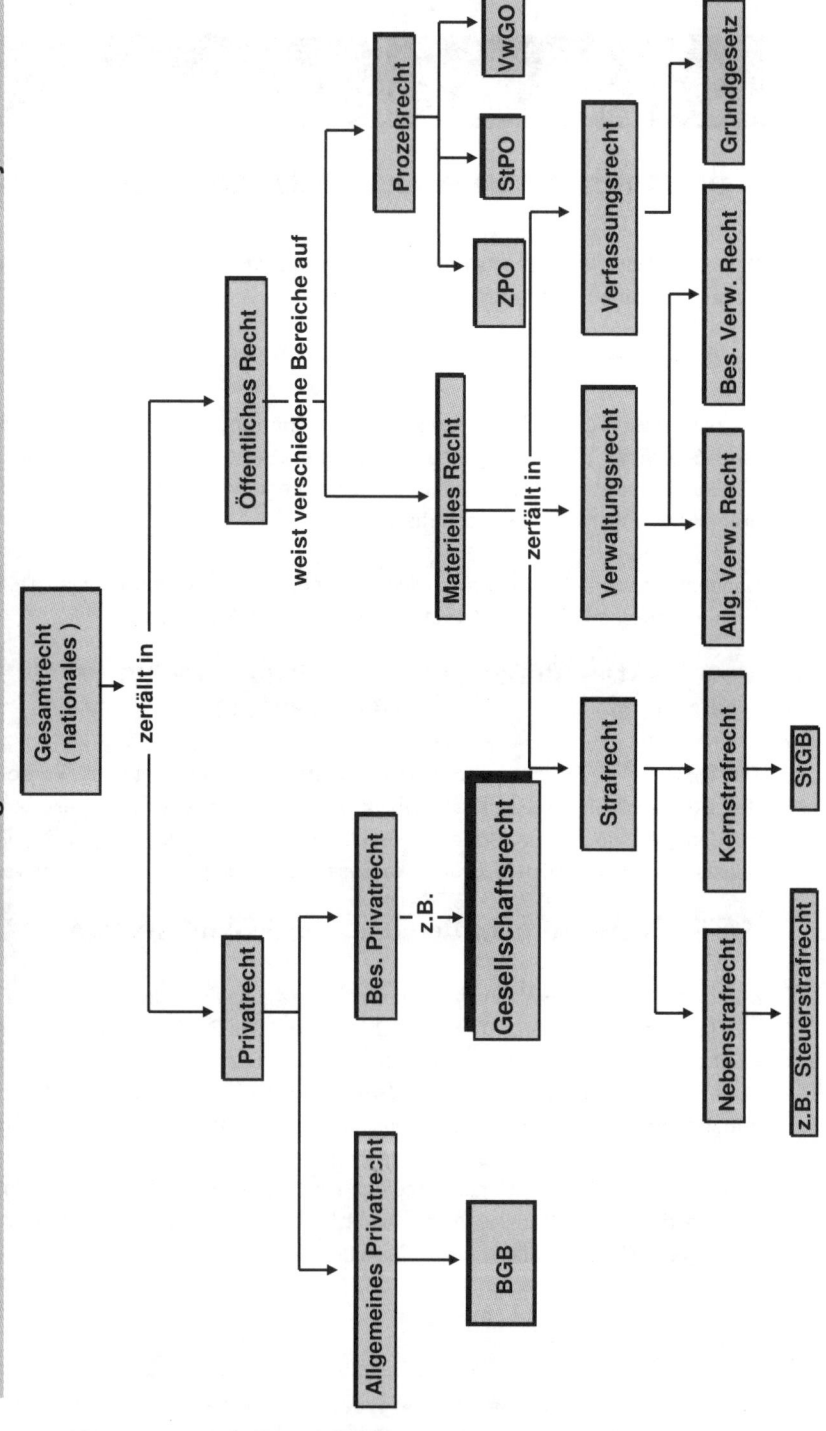

Inhalt des Gesellschaftsrechts

Das Gesellschaftsrecht regelt

- **die Arten der möglichen Gesellschaften**
- **die Gründung der Gesellschaften**
- **die innere Ausgestaltung der Gesellschaften**
- **die Rechtsverhältnisse zu Dritten, insbesondere die Haftung**
- **die Beendigung der Gesellschaften**

Da das Gesellschaftsrecht die Formen der zulässigen Gesellschaften abschließend aufzählt **(Numerus clausus des Gesellschaftsrecht)**, gilt der im Privatrecht ansonsten geltende Grundsatz der Vertragsfreiheit insoweit nicht **(Typenzwang des Gesellschaftsrechts)**.

Im Übrigen enthält das Gesellschaftsrecht sowohl durch die Parteien abdingbare (dispositive) als auch zwingende Vorschriften.

Insbesondere die Vorschriften, welche die Geschäftspartner der Gesellschaft schützen sollen, sind meist zwingend, z.b. zusätzliche Haftungsbeschränkungen, Einschränkungen der Vertretungsmacht der Gesellschafter bei einer oHG, Formvorschriften bei der Gründung.

Die Vorschriften, die das Innenverhältnis, also die Rechtsbeziehungen der Gesellschafter untereinander regeln, sind meist dispositiv. Die Regelung der Geschäftsführungsbefugnis kann beispielsweise weitgehend frei gestaltet werden.

Die wichtigsten **Rechtsquellen des Gesellschaftsrechts** sind

das **Bürgerliche Gesetzbuch**
- BGB-Gesellschaft (§§ 705 – 740 BGB)
- rechtfähiger Verein (§§ 21 ff. BGB)
- nichtrechtsfähiger Verein (§ 54 BGB)

das **Handelsgesetzbuch**
- offene Handelsgesellschaft (§§ 105 – 160 HGB)
- Kommanditgesellschaft (§§ 161 – 177a HGB)
- stille Gesellschaft (§§ 230 – 236 HGB)

das **Aktiengesetz**

und das **GmbH-Gesetz.**

Die Tatbestandsmerkmale einer Gesellschaft

Die grundsätzlichen Tatbestandsmerkmale einer Gesellschaft sind

> 1. der Gesellschaftsvertrag
> 2. die Verfolgung eines gemeinsamen Zweckes
> 3. die Förderungspflicht

Liegt eines dieser Merkmale nicht vor, handelt es sich auch nicht um eine Gesellschaft.

Der Gesellschaftsvertrag

Der Gesellschaftsvertrag ist ein **privatrechtlicher Vertrag**, für den alle Regeln des Zustandekommens und der Wirksamkeit von Verträgen nach den Grundsätzen des BGB gelten.

Es sind daher mindestens zwei übereinstimmende Willenserklärungen zum Abschluss dieses Vertrages erforderlich. Eine Ausnahme bildet insoweit die GmbH-Gründung, bei der der Gesellschaftsvertrag in dieser Form nicht erforderlich ist, da es anerkanntermaßen eine Gründung der GmbH durch nur einen Gesellschafter gibt. Dort reicht dann eine sog. Errichtungserklärung.

Fehlt es an einem Gesellschaftsvertrag oder ist dieser nicht wirksam zustande gekommen, ist die **Gesellschaft nicht wirksam errichtet**. Wegen des Vertragserfordernisses sind Personenvereinigungen, die sich ohne einen solchen Vertragsschluss ergeben, keine Gesellschaften.

Bsp.: Die Erbengemeinschaft, die Stiftung oder die öffentlich-rechtlichen Körperschaften.

Bei der **Erbengemeinschaft** kann jedoch durch eine Einigung der Mitglieder dieser Gemeinschaft eine Gesellschaft entstehen, wenn sie z.B. übereinkommen, das Erbe auf Dauer gemeinschaftlich zu verwalten, zu nutzen usw.

Einer **Stiftung** kann zwar ein Vertrag zugrunde liegen, doch erlaubt die Rechtsnatur der Stiftung nicht, diese als eine Gesellschaft zu behandeln. Bei der Stiftung handelt es sich nämlich um eine verselbständigte Vermögensmasse und daher fehlt es an einem Personenzusammenschluss.

Die fehlerhafte Gesellschaft

Die Vorschriften über die Gesellschaft sind im 14. Teil des zweiten Buches des BGB geregelt (§ 705 ff. BGB). Insofern gelten für sie die Vorschriften des allgemeinen Teils des BGB, insbesondere jene über Anfechtbarkeit und Nichtigkeit von Rechtsgeschäften. Ist nun der Gesellschaftsvertrag aus irgendwelchen Gründen nichtig oder anfechtbar, ergibt sich das Problem, dass alle bisher getätigten Rechtsgeschäfte nach den Vorschriften des BGB rückabgewickelt werden müssten (§§ 812 ff., 823 ff. BGB usw.). Eine solche Lösung wäre in der Praxis wegen der Komplexität der Rechtsbeziehungen **kaum realisierbar.** Folglich hat die Rechtsprechung die Figur der **fehlerhaften Gesellschaft** entwickelt. Das bedeutet, dass die fehlerhafte Gesellschaft unter bestimmten Voraussetzungen **bis zur Geltendmachung der Nichtigkeit als wirksam anzusehen ist.** Die Wirksamkeit betrifft dabei das Innen- und Außenverhältnis. Für die Zukunft besteht jedoch die Möglichkeit, sie zu vernichten.

Nichtigkeits- und Anfechtungsgründe können folglich **nur ex nunc** („von jetzt ab") geltend gemacht werden und nicht für die Vergangenheit.

Voraussetzungen dafür sind:

> **Ein fehlerhafter Gesellschaftsvertrag,**
> **bereits aufgenommene Rechtsbeziehungen,**
> **keine Einschränkung wg. vorrangiger Schutzzwecke**

Wichtig ist, dass bereits eine **vertragliche Grundlage** vorliegt. Die Fehlerhaftigkeit muss sich dann auf die Willenserklärungen eines oder mehrerer Gesellschafter beziehen. Auch Gesellschaften, die gem. § 117 Abs.1 BGB nur zum Schein gegründet werden, entbehren der erforderlichen vertraglichen Grundlage.

Weiterhin müssen die **Rechtsbeziehungen bereits aufgenommen** worden sein. Hier kommt es in erster Linie darauf an, dass die Gesellschaft derart **rechtsgeschäftlich tätig** geworden ist, dass eine Rückabwicklung erhebliche Schwierigkeiten bereiten würde.

Dies ist in der Regel bereits gegeben, wenn die Gesellschaft Rechtsbeziehungen zu Dritten aufgenommen hat (Abschluss von Arbeitsverträgen, Anmietung von Büroräumen usw.).

Die Anwendbarkeit der fehlerhaften Gesellschaft hat jedoch hinter vorrangigen Interessen zurückzustehen, soweit sie mit diesen in Widerspruch steht.

Bsp.: Verstoß gegen gesetzl. Verbot (§134 BGB); grobe Sittenwidrigkeit (§ 138 BGB)

Auch im Gesellschaftsrecht liegt, wie auch sonst im BGB, das Augenmerk besonders auf dem **Minderjährigenschutz** („Die heilige Kuh des BGB") zu legen. Liegen Verstöße gegen die §§ 104 ff. BGB vor, ist die Lehre von der fehlerhaften Gesellschaft nicht anwendbar.

Die Verfolgung des gemeinschaftlichen Zweckes

Das vom Inhalt her wesentliche Merkmal einer Gesellschaft ist die Verfolgung eines gemeinschaftlichen Zweckes. Dieses Merkmal lässt sich in folgende Unterpunkte unterteilen:

a) **Es muss sich um einen konkreten Zweck handeln**
b) **Alle Gesellschafter müssen denselben Zweck verfolgen**
c) **Dieser Zweck muss von allen gemeinsam verfolgt werden**

Der konkrete Zweck kann beliebiger Natur sein. Die Art des Zweckes, der verfolgt wird, bedingt jedoch oft die Gründung einer ganz bestimmten Gesellschaft. Wer den Betrieb eines Handelsgewerbes zum Gegenstand seiner Betätigung macht, muss eine Handelsgesellschaft gründen, da dies der bestimmende Zweck einer solchen Gesellschaft ist. Bei der BGB-Gesellschaft kann dagegen ein beliebiger Zweck verfolgt werden.

> *Bsp.: Gemeinschaftspraxen von Freiberuflern; Wettgemeinschaften; Arbeitsgemeinschaften z.T. auch Grundstücksgemeinschaften. – Obwohl der tägliche Sprachgebrauch mehrere dieser Vereinigungen als Gemeinschaften bezeichnet, stellen diese jedoch wegen der Verfolgung eines gemeinsamen Zweckes Gesellschaften dar.*

Weiter erforderlich ist, dass **alle Gesellschafter** diesen konkreten Zweck erreichen wollen. Soweit dies nicht der Fall ist, bleibt zu prüfen, ob mindestens zwei Gesellschafter einen gemeinsamen Zweck verfolgen, so dass insoweit eine Gesellschaft entstanden ist (also nur zwischen diesen beiden!)

Schließlich muss der Zweck von **allen gemeinsam** verfolgt werden. Hier ist die schwierige Abgrenzung vorzunehmen, ob es sich tatsächlich um einen gemeinsamen oder lediglich um denselben Zweck handelt. Es wird dazu auf eine sogenannte Leistungsvereinigung abgestellt, also ob alle Gesellschafter miteinander versuchen, diesen Zweck zu erreichen und nicht nur jeder für sich selbst allein einen Zweck zu erreichen versucht. Dementsprechend reicht das bloße gemeinsame Anschaffen und Besitzen einer Sache nicht aus.

> *Bsp.: A und B erwerben ein Wohnmobil, das sie jeder mit seiner Familie abwechselnd Nutzen wollen. – Zwar ist der Grund der Anschaffung die Kostenersparnis durch die gemeinschaftliche Anschaffung und Nutzung, jedoch verfolgt jeder für sich allein gesehen einen Zweck, nämlich die Nutzung für sich selbst. Hier fehlt es an einem gemeinschaftlichen Zweck und damit an einer Gesellschaft.*

> *Weiteres Bsp.: A und B schaffen sich ein Wohnmobil an, um zusammen eine ganz bestimmte Urlaubsreise durchzuführen und danach das Wohnmobil wieder zu veräußern. - Hier verfolgen A und B einen gemeinsamen Zweck, da sie zusammen diese Reise mit diesem Fahrzeug durchführen wollen und damit nur zusammen der Zweck der Reise durchführbar ist.*

Unter diesem Aspekt scheiden bestimmte Personenvereinigungen aus dem Bereich der Gesellschaften aus.

Die **Bruchteilsgemeinschaft** erschöpft sich im gemeinsamen *Haben* eines Gegenstandes, insbesondere eines Grundstückes. Derartige Bruchteilsgemeinschaften gibt es steuerlich als die sog. Grundstücksgemeinschaften. Allerdings gibt es auch Grundstücksgemeinschaften, denen eine gemeinsame Zweckverfolgung zugrunde liegt, z.b. die gemeinschaftliche Nutzung in Form der Vermietung eines Grundstückes. Dort wiederum kann durchaus ein gemeinsamer Zweck und damit eine Gesellschaft vorliegen.

Die **Ehe** ist nach h.M. ebenfalls **keine Gesellschaft**, da es ihr angeblich an einer Leistungsvereinigung und damit an der Verfolgung eines gemeinschaftlichen konkreten Zweckes fehlt!

Ebenso fehlt es bei der **nichtehelichen Lebensgemeinschaft** an einem bestimmten gemeinsamen Zweck. Anerkannt ist jedoch, dass bei Auflösung der nichtehelichen Lebensgemeinschaft die Regeln über die Auflösung der Gesellschaft entsprechend anzuwenden sind.

> **Beachten Sie jedoch:** Nichteheliche Lebenspartner ebenso wie Ehegatten können innerhalb dieser Beziehung eine Gesellschaft gründen und betreiben.

Bsp.: Die Eheleute erwerben Grundeigentum, um daraus Einkünfte aus Vermietung und Verpachtung zu erzielen; die Eheleute gründen eine Handelsgesellschaft zum Betrieb eines Handelsgeschäfts.

Die Förderungspflicht

Dritte Voraussetzung für eine BGB-Gesellschaft ist gem. § 705 BGB die Verpflichtung zur Förderung des gemeinsamen Zweckes. Eine beitragsfreie Gesellschaft ist aufgrund des Schuldrechtcharakters der BGB-Gesellschaft nicht möglich. Die Beiträge der Gesellschafter gehen in das Gesellschaftsvermögen über, vgl. § 718 BGB.

Zu den Beiträgen zählen auch immaterielle und ideelle Leistungen. Ein **Beitrag** ist somit **jedes zweckfördernde Handeln**.

Soweit die Förderungspflicht unproblematisch ist, kann sie auch in einem Zuge mit der Verfolgung des gemeinsamen Zwecks bejaht werden.

Bsp.: X und Y wollen ihre mittellose Reinigungskraft K stärker an das Unternehmen binden. Auf eine Geldleistung kommt es bei der Förderung des Gesellschaftszwecks nicht an; es genügt die Einbringung der eigenen Arbeitskraft.

Fall 1:

A und B schaffen sich gemeinsam einen kostspieligen Oldtimer an und vereinbaren, den Wagen abwechselnd für Wochenendausfahrten zu nutzen. Die Anschaffungs- sowie Unterhaltskosten wollen sich die beiden teilen.
Haben A und B eine BGB-Gesellschaft gegründet?

Lösungsvorschlag

Die Gründung einer BGB-Gesellschaft setzt voraus, dass sich die Parteien vertraglich zur Verfolgung eines gemeinsamen Zwecks und zu dessen Förderung verpflichtet haben.

A und B müssten zunächst einen Vertrag abgeschlossen haben. Ein solcher liegt hier mit der Vereinbarung der gemeinsamen Anschaffung und Kostenteilung vor.

Weiterhin müsste ein gemeinsamer Zweck verfolgt werden. Dieser liegt vor, wenn die Leistungen zur Förderung des Zwecks jedem Vertragspartner zugute kommen sollen.

Der gemeinsame Zweck könnte hier in der Anschaffung des Oldtimers liegen. Dieser Zweck wurde jedoch bereits erreicht, so dass die Gesellschaft, die kurzzeitig bestand, nach § 726 BGB wieder erloschen ist.

Das nachfolgende bloße „Halten und Verwalten" der Sache stellt keinen gemeinsamen Zweck i.S.v. § 705 BGB dar. Es müsste damit die Absicht der Gewinnerzielung verbunden sein (Palandt, § 705, Rn.20). Die Teilung der Unterhaltungskosten für das Fahrzeug ist Teil des Haltens und Verwaltens und stellt damit keinen gemeinsamen Zweck dar.

Also bilden A und B eine Bruchteilsgemeinschaft gem. § 741 BGB und keine Gesellschaft.

§§§§§§§§§§§§§§§§§§§

Fall 2:

A, B und C haben eine offene Handelsgesellschaft (oHG) zur Herstellung von Transformatoren gegründet. Die Gesellschaft wird im Handelsregister eingetragen und nimmt die Produktion auf. Im Gesellschaftsvertrag wurde vereinbart, dass A und C die technischen Aufgaben wahrnehmen sollen und B die kaufmännischen. Nach drei Monaten stellt A jedoch fest, dass B vom Kaufmännischen nicht die geringste Ahnung hat.
A möchte den Gesellschaftsvertrag anfechten. Mit welcher Wirkung?

Lösungsvorschlag

Es müsste sich bei der oHG von A, B und C um eine **fehlerhafte Gesellschaft** handeln.

Zunächst müsste ein Gesellschaftsvertrag vorliegen, der nichtig oder anfechtbar ist. Ohne Gesellschaftsvertrag läge allenfalls eine Scheingesellschaft vor. Drei inhaltlich übereinstimmende Willenserklärungen von A, B und C liegen hier vor. Der Gesellschaftsvertrag ist wirksam zustande gekommen. Eine Eintragung in das Handelsregister gem. § 123 HGB ist erfolgt.

Die Gesellschaft müsste weiterhin in Vollzug gesetzt sein. Fraglich ist, wann Invollzusetzung vorliegt. Sinn und Zweck der Figur der fehlerhaften Gesellschaft ist es, eine bereicherungsrechtliche Rückabwicklung zu vermeiden, die äußerst kompliziert und kaum interessengerecht wäre. Invollzugsetzung liegt jedenfalls dann vor, wenn eine Gesellschaft bereits nach außen aufgetreten ist und Rechtsbeziehungen zu Dritten aufgenommen hat.

Nach Ansicht des BGH soll genügen, dass bereits Gesellschaftsvermögen gebildet wurde.

Nach drei Monaten der Produktion kann das hier angenommen werden.

Es kommt eine Anfechtung wegen eines Irrtums über eine verkehrswesentliche Eigenschaft nach § 119 Abs.2 BGB in Betracht. Eigenschaften einer Person können auch tatsächliche oder rechtliche Verhältnisse und Beziehungen zur Umwelt sein, soweit sie nach der Verkehrsanschauung für die Wertschätzung oder Verwendbarkeit von Bedeutung sind. Verkehrswesentliche Eigenschaft ist hier die Sachkunde des B. Eine Einschränkung durch vorrangige Schutzzwecke ist damit nicht gegeben.

Rechtsfolge ist dann nach § 142 Abs.1 BGB grundsätzlich die Nichtigkeit des Rechtsgeschäftes von Anfang an (ex tunc).

Nach dem Grundsatz der fehlerhaften Gesellschaft soll dies gerade nicht gelten. Hiernach gilt der Vertrag nicht als rückwirkend nichtig, sondern ist für die Zukunft ist der Gesellschaftsvertrag dann aber vernichtbar.

Die Geltendmachung des Nichtigkeitsgrundes muss in der gleichen Form geschehen, die das Gesetz für die Auflösung der Gesellschaft aus wichtigem Grund vorsieht.

Hier handelt es sich um eine oHG. Folglich muss eine Auflösungsklage gem. § 133 HGB erhoben werden. Aufgelöst ist die Gesellschaft erst mit Rechtskraft des Urteils.

Schließlich ist immer die Frist nach § 121 BGB zu beachten, und es darf keine Bestätigung nach § 144 BGB vorliegen.

Die Liquidation erfolgt dann nach den §§ 145 – 158 HGB.

Näheres zur oHG im 3. Kapitel

§§§§§§§§§§§§§§§§§§§

Wiederholungsfragen

1. Nennen Sie die Tatbestandsmerkmale einer Gesellschaft

1. Gesellschaftsvertrag;
2. Gemeinsamer Zweck;
3. Förderung des Zweckes

2. Warum gibt es keine Ein-Mann-Personengesellschaften?

Es fehlt bereits an einem Gesellschaftsvertrag.

3. Was beinhaltet der gemeinschaftliche Zweck?

Es muss ein konkreter Zweck sein, den alle Gesellschafter gemeinsam verfolgen.

4. Wie ist das bloße gemeinsame Anschaffen und Besitzen einer Sache zu bewerten?

Hier fehlt es an der sog. Leistungsvereinigung. Die Gesellschafter versuchen gerade nicht, miteinander einen bestimmten Zweck zu erreichen. Keine Gewinnerzielungsabsicht.

5. Welche Vorschriften sind in der Regel dispositiv?

Vorschriften, die das Innenverhältnis betreffen.

6. Weshalb ist die Ehe im Sinne des GesR keine Gesellschaft?

Weil sie auf eine umfassende Lebensgemeinschaft gerichtet ist und keinen konkreten Zweck verfolgt.

7. Wann gelten die Grundsätze der fehlerhaften Gesellschaft nicht?

Wenn es um den Minderjährigenschutz geht.

8. Was sagt die Lehre von der fehlerhaften Gesellschaft grob gesagt aus?

Die Gesellschaft ist für die Zeit vor Geltendmachung der Nichtigkeit oder Anfechtung unter bestimmten Voraussetzungen als wirksam zu behandeln; danach ist sie aber vernichtbar.

9. Wofür kann der Gesellschaftszweck maßgeblich sein?

Der Zweck kann entscheidend für die Bestimmung der Gesellschaftsform sein.

10. Was ist das Wesentliche der Förderungspflicht?

Wesentlich ist, dass ein Gesellschafter überhaupt etwas in die Gesellschaft mit einbringt. Die Leistung ist nicht auf finanzielle Mittel beschränkt.

11. Was passiert mit den Beiträgen der Gesellschafter rechtlich?

Sie gehen in das Gesellschaftsvermögen über.

Überblick über die Gesellschaftsformen

Im Gesellschaftsrecht wird unterschieden zwischen **Personengesellschaften** und **Körperschaften**.

Das BGB verdeutlicht diese Unterscheidung:

> **- Die Grundform der Körperschaften, der Verein, ist in den §§ 21 ff. BGB**
> **- die GbR als Grundform der Personengesellschaften ist in den §§ 705 ff. BGB geregelt.**

Zu den Personengesellschaften zählen insbesondere die oHG und die KG (aber auch die stille Gesellschaft). Das HGB verweist in seinen Abschnitten zur oHG und zur KG ausdrücklich darauf, dass auf sie auch die §§ 705 ff. BGB anzuwenden sind, soweit sich spezialgesetzlich nichts anderes ergibt (s. §§ 105 Abs.3, 161 Abs.2 HGB).

Aufgrund der großzügigen Vertragsfreiheit im Gesellschaftsrecht, d.h. der individuellen Gestaltungsmöglichkeiten bei Gesellschaftsverträgen, kann die Abgrenzung schwierig werden.

Der **Verein** ist eine **juristische Person** (ebenso die AG und die GmbH). Juristische Personen sind von der Rechtsordnung anerkannte und daher rechtsfähige Personenvereinigungen oder Vermögensmassen. Bei den **Personengesellschaften** sind hingegen allein die Gesellschafter Träger der Rechte und Pflichten.

Daher sind **Körperschaften** i.d.R. nicht vom Bestand ihrer Mitglieder abhängig, d.h. die Mitglieder können beliebig wechseln. Sie haben eine auf **Satzung** beruhende Ordnung, die Geschäftsführung und Vertretung bestimmten Organen zuweist und nach den gesetzlichen Bestimmungen den Inhalt der Mitgliedschaft bestimmt.

Personengesellschaften sind dagegen grundsätzlich davon abhängig, dass ihre personelle Zusammensetzung konstant bleibt.

Weiterhin lässt sich unterscheiden zwischen Personengesellschaften und **Kapitalgesellschaften**.

Zu den Kapitalgesellschaften gehören die Aktiengesellschaft, die Kommanditgesellschaft auf Aktien und die Gesellschaft mit beschränkter Haftung.

Sie alle sind juristische Personen. Bei ihnen hängen wichtige Entscheidungen und die Gewinnverteilung vom eingezahlten Kapitalanteil ihrer Mitglieder ab.

2. Kapitel
Die Gesellschaft bürgerlichen Rechts (GbR)

Die Gesellschaft bürgerlichen Rechts, auch BGB-Gesellschaft genannt, ist eine

auf Gesellschaftsvertrag beruhende Vereinigung mehrerer Personen zur Erreichung eines beliebigen gemeinsamen Zweckes

Vgl. dazu aus der Vielzahl der Definitionen Eisenhardt, Gesellschaftsrecht, Rn. 10.

Die Definitionsmerkmale der GbR

1. Abschluss eines wirksamen Gesellschaftsvertrags
2. Verfolgung eines beliebigen gemeinschaftlichen Zwecks
3. Kein Betrieb eines voll kaufmännischen Handelsgewerbes

Die GbR ist in §§ 705 ff. BGB geregelt. Sie stellt sozusagen die **Grundform aller Personengesellschaften** dar. Sie ist keine juristische Person, sondern eine sog. Gesamthandsgemeinschaft!

Bislang war die Rechtsfähigkeit der GbR höchst umstritten.

Die Gründung der GbR

Der Gesellschaftsvertrag

Die GbR beruht auf einem Gesellschaftsvertrag, setzt daher das **allgemeine Vertragsrecht**, also die Abgabe wirksamer Willenserklärungen voraus. Es sind daher die Regeln über Stellvertretung, Willensmängel usw. zu beachten. Da der Gesellschaftsvertrag die Rechte und Pflichten der Gesellschafter untereinander regelt, geht man üblicherweise davon aus, dass es sich um einen gegenseitigen Vertrag im Sinne der §§ 320 ff BGB handelt. Es handelt sich regelmäßig um ein Dauerschuldverhältnis. Der Abschluss des Vertrages ist grundsätzlich formlos möglich. Ausnahmen gelten, wenn der Vertrag mit Grundstücksgeschäften kombiniert wird.

Bsp.: Ein Grundstück wird in die Gesellschaft eingebracht

Dann gilt die Formvorschrift des § 311 b Abs.1 BGB. Sind Minderjährige an der Gesellschaftsgründung beteiligt, ist die Genehmigung durch das Vormundschaftsgericht nach § 1822 Nr. 3 i.V.m. § 1643 BGB erforderlich.

Für den **Abschluss des Vertrages** gilt das sogenannte **Einstimmigkeitsprinzip**, das besagt, dass alle Bestimmungen des Gesellschaftsvertrages einstimmig beschlossen werden müssen. Das Einstimmigkeitsprinzip gilt auch für alle nachfolgenden Vertragsänderungen. **Fehlt** es an der Einstimmigkeit, ist ein Gesellschaftsvertrag **nicht wirksam** zustande gekommen.

Eine nicht einstimmig zustande gekommene Abänderung ist demnach ebenfalls unwirksam. Der ursprüngliche Gesellschaftsvertrag bleibt in diesen Fällen unverändert bestehen.

Die Umwandlung von Gesellschaften

In den folgenden Kapiteln wird regelmäßig der Gründungsprozess der jeweiligen Gesellschaftsform beschrieben.

Häufig entstehen Gesellschaften aber nicht durch Gründung, sondern durch Umwandlung einer bereits bestehenden Gesellschaft in eine andere.

Hier muss dann zwischen **gesetzlicher** und **rechtsgeschäftlicher** Umwandlung unterschieden werden.

Seit 1994 ist das Umwandlungsrecht im **Umwandlungsgesetz** (UmwG) normiert.

Die Beteiligung am Vertrag

Es müssen sich **mindestens zwei natürliche Personen** an dem Vertrag beteiligen. Ob ein Vertrag über eine BGB-Gesellschaft auch möglich ist, wenn sich eine oder mehrere juristische Personen daran beteiligen, ist umstritten. Während dies teilweise bejaht wird meinen andere, bei der Beteiligung einer AG, GmbH oder ähnlichem entstehe kraft Rechtsform stets eine Handelsgesellschaft und damit keine GbR.

Der Inhalt des Gesellschaftsvertrages

Der Inhalt des Gesellschaftsvertrages ist **grundsätzlich beliebig.** Er muss sich lediglich an den oben genannten Definitionsmerkmalen orientieren. Grundsätzlich wird dieser Vertrag alle wesentlichen Dinge enthalten. Soweit eine Regelung im Vertrag nicht enthalten ist, gelten die Regelungen des BGB. Typische Punkte, die in einem Gesellschaftsvertrag behandelt werden, sind z.b. die Gewinn- und Verlustbeteiligung, die Regelung über Entnahmen, eine Regelung über Vergütungen für Tätigkeiten zugunsten der Gesellschaft, eine Regelung, welche Beiträge jeder Gesellschafter zu leisten hat, die Ausgestaltung der Geschäftsführung, die Vertretung der Gesellschaft, Kontrollrechte und häufig auch die Frage des Gesellschafterwechsels, der Kündigung oder der Übertragung von Gesellschaftsanteilen.

Die Geschäftsführung und Vertretung der Gesellschaft

Es ist streng zwischen Geschäftsführung und Vertretung bei einer Gesellschaft zu unterscheiden.

Während die Geschäftsführung das Innenverhältnis, also das Verhältnis der Gesellschafter untereinander und die Möglichkeit der gesellschaftsinternen Willensbildung betrifft, behandelt die Vertretung der Gesellschaft das Tätigwerden nach außen, also Dritten gegenüber, z.B. Abschlüsse von Verträgen.

Die Geschäftsführung ist in den §§ 709 ff. BGB und die Vertretung in den §§ 714 ff. BGB geregelt.

§ 709 Abs. 1 BGB sieht vor, dass die Geschäftsführung grundsätzlich allen Gesellschaftern gemeinschaftlich zusteht.

Da dies bedeutet, dass jede Geschäftsführungsmaßnahme nur von allen gemeinsam getroffen werden kann, findet sich häufig in Gesellschaftsverträgen eine abweichende Regelung. § 709 BGB ist dispositiver Natur, daher ist dies zulässig. So kann nach § 709 Abs.2 BGB, abweichend von dem Einstimmigkeitsprinzip des Abs.1, ein Mehrstimmigkeitsprinzip vereinbart werden. Der praktisch häufigste Fall ist jedoch die Festlegung von **Einzelgeschäftsführungsbefugnis** nach § 710 BGB durch den

Gesellschaftsvertrag. Dies kommt den praktischen Bedürfnissen einer schnellen und einfachen Entscheidungsfindung für die täglichen, innerhalb der Gesellschaftsführung nötigen Maßnahmen entgegen und ist damit der tatsächliche Normalfall bei einer GbR.

> *Bsp.: A, B und C bestimmen, dass jeder von ihnen Geschäfte ausüben darf, ohne sich vorher mit den anderen abzustimmen.*

Wurde die Geschäftsführung auf mehrere Gesellschafter übertragen, gilt für sie wiederum das Prinzip der Gesamtgeschäftsführung nach § 709 S.2 BGB.

> *Bsp.: A, B und C sind Gesellschafter einer BGB-Gesellschaft. Im Gesellschaftsvertrag wurde festgelegt, dass nur A und B aufgrund ihrer fachlichen Qualifikation zur Geschäftsführung befugt sein sollen. Geschäftsführungsmaßnahmen müssen demnach nur zwischen A und B abgestimmt werden.*

Beim Abweichen vom Einstimmigkeitsprinzip ist jedoch zu beachten, dass § 711 BGB eine Widerspruchsmöglichkeit eröffnet. Da diese Vorschrift jedoch ebenfalls dispositiv ist, kann sie von den Gesellschaftern im Vertrag ausgeschlossen werden.

Inhalt und Umfang der Geschäftsführungsbefugnis sowie Rechte und Pflichten der Geschäftsführer richten sich nach dem **Gesellschaftsvertrag**. Sofern dort keine Regelung enthalten ist, gilt subsidiär § 713 BGB, der seinerseits auf das Auftragsrecht des BGB verweist. Daraus ergibt sich dann vor allem der Anspruch auf Aufwendungsersatz nach § 670 BGB und die Pflicht zur Herausgabe des durch die Geschäftsführung Erlangten nach § 667 BGB.

Einem von der Geschäftsführung ausgeschlossenen Gesellschafter stehen jedoch gemäß § 716 BGB verschiedene Kontrollrechte zu. So kann er sich persönlich über die Angelegenheiten der Gesellschaft unterrichten, die Geschäftsbücher und Unterlagen einsehen und sich Übersichten über den Stand der Geschäfte, das Vermögen usw. anfertigen.

Die Vertretung der Gesellschaft folgt grundsätzlich der Regelung des § 714 BGB. Danach ist die Vertretung in gleicher Weise geregelt wie die Geschäftsführung. D.h., wer als Geschäftsführer der Gesellschaft tätig ist, hat gleichzeitig auch deren Vertretungsbefugnis.

Der **Gesellschaftsvertrag** kann jedoch davon Abweichendes regeln. So kann z.B. vereinbart sein, dass zwar mehrere als Geschäftsführer (also im Innenverhältnis) tätig sind, während die Gesellschaft nach außen hin nur von einem einzigen Gesellschafter vertreten werden kann.

Ebenfalls denkbar ist, dass die Vertretung der Gesellschaft nur im Wege einer sogenannten **Gesamtvertretung** erfolgt, also nur mehrere in ihrer Gesamtheit die Gesellschaft nach außen vertreten dürfen.

Das Gesellschaftsvermögen

Gemäß § 718 BGB ist das Gesellschaftsvermögen das **gemeinschaftliche Vermögen der Gesellschafter.** Es dient der Verfolgung des Gesellschaftszweckes und ist deshalb vom Privatvermögen der Gesellschafter abzugrenzen.

Man spricht daher, weil es allen Gesellschaftern gemeinsam zusteht, auch von **Gesamthandsvermögen.** Wenn sich also ein Gegenstand im Gesamthandsvermögen befindet, so gehört jedem der Gesellschafter zwar vermögensmäßig ein Stück davon, jedoch steht den einzelnen Gesellschaftern weder die Verfügung über das Gesellschaftsvermögen noch über deren Anteil am Gesellschaftsvermögen zu.

Die Frage, die seit Jahrhunderten nicht letztendlich geklärt ist lautet: Ist, was wir als Gesamthand bezeichnen, ein Sondervermögen der Gesamthänder, oder ist die Gesamthand selbst Rechtsträgerin?

Siehe zur Vertiefung: Karsten Schmidt, Gesellschaftsrecht, 5. Auflage, § 8 III 1.

Die Rechtsfähigkeit der GbR

Lange Zeit war höchst umstritten, ob die **GbR selbst Rechtsfähigkeit** besitzt, d.h., ob nur die Gesellschafter selbst Verträge abschließen oder vor Gericht klagen können, oder auch die GbR selbst. Bei diesem Streit standen sich namentlich die **Gesamthandsvermögenslehre** und die **Theorie der kollektiven Einheit** gegenüber.

Die ältere **Gesamthandsvermögenslehre** lehnt eine Rechtsfähigkeit der GbR kategorisch ab. Zur Begründung wird der Wortlaut der §§ 718, 719 BGB angeführt. Nach ihnen würden Beiträge der Gesellschafter und geschäftsführungshalber für die Gesellschaft erworbene Gegenstände zu Vermögen „der Gesellschafter" erklärt, nicht zu Vermögen „der Gesellschaft".

Der **Theorie der kollektiven Einheit,** die heute überwiegend vertreten wird, hat sich der BGH in einer viel beachteten Entscheidung angeschlossen.

Siehe BGH NJW 2001, 1056.

Diese Theorie haftet nicht so sehr am Wortlaut der §§ 718, 719 BGB, sondern geht davon aus, dass die gesetzliche Regelung unvollständig sei. Der BGB-Entwurf der ersten Kommission hatte die Gesamthand im BGB noch gar nicht vorgesehen. Nach dem BGH-Urteil lässt das erkennbare Bestreben des historischen Gesetzgebers, eine konkrete Festlegung hinsichtlich der Rechtsfähigkeit zu vermeiden, Raum für eine an den praktischen Bedürfnissen der Verwirklichung des Gesamthandprinzips orientierte Beurteilung der Rechtsnatur der GbR.

Hinweis: Hier unterschied sich die GbR bislang wesentlich von der OHG und KG, die unter ihrem Namen der Firma Träger bestimmter Rechte und Pflichten sein können. Sie konnten daher als Eigentümer im Grundbuch eingetragen werden. Das soll jetzt auch die GbR können. Die **reine Innengesellschaft** ist jedoch nicht teilrechtsfähig!

Die Haftung der Gesellschafter

Die Haftung im Innenverhältnis

Bei der Haftung im Innenverhältnis geht es darum, ob der einzelne Gesellschafter durch Verletzung von Pflichten, die ihm als Gesellschafter oder als Geschäftsführer obliegen, zur Haftung herangezogen werden kann. Regeln für die Rechte und Pflichten und damit auch für die Haftung enthält zunächst einmal der Gesellschaftsvertrag. Sofern sich dort keine besonderen Regelungen über die Haftung finden, gelten die §§ 280 Abs.1, 3 i.V.m. 281 bzw. 284 BGB.

Die Haftung im Außenverhältnis

Im Außenverhältnis haftet der Gesellschafter **für Gesellschaftsschulden**

- **unbeschränkt**
  - **unmittelbar**
    - **solidarisch**

Gesellschaftsschulden sind die Schulden, die durch die vertretungsberechtigten Gesellschafter im Namen der Gesellschaft begründet wurden. Die Gesellschaftsschulden sind damit ein Teil des Gesellschaftsvermögens.

Der Grundsatz unbeschränkter Haftung bedeutet, dass der Gesellschafter mit seinem gesamten privaten Vermögen, nicht nur mit seinem Anteil am Gesellschaftsvermögen haftet. Damit beinhaltet die BGB-Gesellschaft ein hohes Vermögensrisiko für jeden Gesellschafter.

Der Grundsatz der unmittelbaren Haftung bedeutet, dass der Gesellschafter als Schuldner direkt vom Gläubiger in Anspruch genommen werden kann, ohne dass dieser vorher versucht haben muss, sich direkt aus dem Gesellschaftsvermögen Befriedigung zu verschaffen.

Die solidarische Haftung wird auch gesamthänderische Haftung genannt. Sie besagt, dass alle Gesellschafter als Gesamtschuldner im Sinne des § 421 BGB haften. Dies bedeutet, dass ein Gläubiger die ganze Leistung nach seinem Belieben von einem einzigen Gesellschafter verlangen kann. Der in Anspruch genommene Gesellschafter kann dann im Innenverhältnis über § 426 BGB die über seine Anteile hinaus geleisteten Beträge von den anderen Gesellschaftern wieder einfordern.

Zur **deliktischen Haftung** der GbR hat der BGH in seinen Entscheidungen vom 24.02. und 07.04.2003 eine entsprechende Anwendung der §§ 128 ff. HGB, 31 BGB bejaht. Insbesondere haften hinzutretende Gesellschafter auch für Altschulden entsprechend § 130 HGB.

Die GbR muss sich seither zu Schadenersatz verpflichtendes Handeln ihrer Gesellschafter entsprechend § 31 BGB zurechnen lassen.

Ausführlich hierzu: **NJW 2003, 1897 ff.**

Für die **Zwangsvollstreckung** ist zu beachten, dass eine Vollstreckung in das Gesellschaftsvermögen einen **Vollstreckungstitel gegen alle Gesellschafter** erfordert, § 736 ZPO. Es ist daher auch eine **Klage gegen alle Gesellschafter** nötig, sofern in das Gesellschaftsvermögen vollstreckt werden soll.

Streitig und noch nicht entschieden ist, ob hier nicht konsequenter Weise § 124 Abs.2 HGB entsprechend auf die GbR anwendbar ist.

Die Beendigung der Gesellschaft

Die Gründe für die Beendigung einer Gesellschaft können vielfältig sein. So kann der Gesellschaftsvertrag bereits entsprechende Regelungen für eine Auflösung enthalten, z.B. nach Erreichen eines bestimmten Zwecks, nach Zeitablauf usw. Ferner ist die Gesellschaft beendet bei Tod eines Gesellschafters, § 727 BGB, bei Insolvenz eines Gesellschafters, § 728 BGB, oder bei Kündigung, §§ 723 ff. BGB.

Bei der Kündigung ist zu unterscheiden, ob diese von einem Gesellschafter oder von einem Gläubiger eines Gesellschafters erfolgt.

Gem. § 723 BGB kann jeder Gesellschafter unter den dort genannten Voraussetzungen jederzeit die Gesellschaft kündigen.

Beachten Sie den Sonderfall des § 724 BGB einer auf Lebenszeit angelegten Gesellschaft!

Die **Folge der Auflösung** der Gesellschaft ist die sogenannte Auseinandersetzung, § 730 BGB, auch **Liquidation** genannt. Die Art und Weise der Auseinandersetzung regelt grundsätzlich der Gesellschaftsvertrag (§ 731 BGB) und ergänzend die §§ 732 ff. BGB (Lesen!). Erst **nach Abwicklung der Liquidation** ist die GbR auch **beendet**.

Liegt ein Grund für die Beendigung der Gesellschaft vor, können die Gesellschafter gleichwohl eine Vereinbarung über die Fortsetzung treffen. Eine solche Fortsetzungsklausel ist bereits im Gesellschaftsvertrag zu Beginn der Gesellschaft möglich, vgl. § 727 Abs. 1 BGB.

Die Fortsetzung der Gesellschaft

Die **Fortsetzung der Gesellschaft bei Ausscheiden eines Gesellschafters** regelt § 736 BGB. Folge: es erfolgt eine sogenannte **Teilauseinandersetzung**. Auch hier müssen überlassene Gegenstände zurückgegeben werden, der ausscheidende Gesellschafter muss von gemeinschaftlichen Schulden befreit werden, das Auseinandersetzungsguthaben ist ihm auszuzahlen, ggf. ist bei Fehlbeträgen eine Nachschusspflicht vorhanden, und bezüglich schwebender Geschäfte muss eine Abrechnung erfolgen. Gemäß § 738 BGB wächst dann den übrigen verbleibenden Gesellschaftern der Anteil des ausscheidenden Gesellschafters zu. Das Maß der **Zuwachsung** ergibt sich aus dem Maß der Gesellschaftsbeteiligung der verbleibenden Gesellschafter.

> **Bsp.:** *Eine GbR besteht aus den Gesellschaftern A, B, C und D, die alle zu gleichen Teilen an der Gesellschaft beteiligt sind. Gesellschafter D scheidet aus. – Gem. § 738 Abs.1 BGB wächst der Anteil des D den anderen Gesellschaftern zu. Das bedeutet, dass das Gesellschaftsvermögen statt wie bisher auf vier nunmehr auf die verbliebenen drei Gesellschafter zu verteilen ist. Damit erhält jeder der Gesellschafter 1/3 des Anteils von D und verfügt damit nun über ein Drittel Anteil am Gesellschaftsvermögen statt wie bisher über ein Viertel (Bruchrechnung!)*

> **Weiteres Bsp.:** *Eine GbR besteht aus den Gesellschaftern A, B, C und D, die wie folgt beteiligt sind: A 50%; B 20%; C 10%; D 20%. Gesellschafter D scheidet aus. Gem. § 738 Abs.1 BGB wächst der Anteil des D den anderen Gesellschaftern zu. Damit erhöht sich jeder der Anteile bei A, B und C in dem Maße, wie er an der Gesellschaft beteiligt ist. Die 80% von A, B und C stehen A zu 5/8 (62,5%), B zu 2/8 (25%), und C zu 1/8 (12,5%) zu. Folglich werden die 20% des D nach diesem Schlüssel auf A, B und C verteilt. Somit ergibt sich: A + 12,5 % = 62,5 %; B + 5% = 25% und C + 2,5% = 12,5%.*

Scheidet ein Gesellschafter durch Tod aus, kann der Gesellschaftsvertrag entsprechende **Fortsetzungsklauseln** enthalten. Typisch ist, dass die überlebenden Gesellschafter die Gesellschaft allein fortsetzen. Denkbar sind jedoch auch Klauseln im Vertrag, nach denen die Gesellschaft mit allen Erben oder nur mit einigen der Erben fortgesetzt wird. Fehlt eine Regelung im Gesellschaftsvertrag, ist die GbR aufzulösen.

Abzugrenzen ist die Fortsetzungsklausel von der **Nachfolgeklausel**. Nach ihr wird der Erbe des verstorbenen Gesellschafters automatisch Mitgesellschafter.

Bei der **einfach erbrechtlichen Nachfolgeklausel** treten alle Erben (wenn es mehrere gibt) die Nachfolge an. Hier kommt es zu einer Kollision zwischen Erbrecht und Gesellschaftsrecht. Die h.M. betrachtet aber das Gesellschaftsrecht als vorrangig.

Bei der **qualifizierten Nachfolgeklausel** hingegen soll von mehreren Erben nur einer die Nachfolge antreten.

Von den erbrechtlichen Nachfolgeklauseln ist die **rechtsgeschäftliche Nachfolgeklausel** zu unterscheiden. Hierbei kann im Gesellschaftsvertrag eine Person zur Nachfolge bestimmt sein, die nicht Erbe ist.

Der Wechsel von Gesellschaftern

Grundsätzlich ist ein Gesellschafterwechsel wegen der personalen Struktur einer GbR unzulässig. Jedoch kann der Gesellschaftsvertrag etwas anderes vorsehen.

Enthält der Gesellschaftsvertrag für eine solche Auswechslung eines Gesellschafters Bestimmungen, müssen grundsätzlich **alle alten Gesellschafter der Aufnahme eines neuen Gesellschafters zustimmen,** der Vertrag mit dem neuen Gesellschafter muss also wie der Gesellschaftsvertrag selbst einstimmig von allen geschlossen werden.

Nach § 737 BGB kann ein Gesellschafter auch aus wichtigem Grund ausgeschlossen werden. Dazu muss aber im Gesellschaftsvertrag festgelegt sein, dass die GbR bei Kündigung eines Gesellschafters unter den übrigen fortgesetzt werden soll (auch hier Fortsetzungsklausel). Der wichtige Grund muss in der Person des auszuschließenden Gesellschafters liegen. Der Ausschluss soll jedoch das äußerste Mittel sein. Von daher ist der Begriff des wichtigen Grundes eng auszulegen.

Die Gewinn- und Verlustbeteiligung der Gesellschafter

Auch hier gilt, dass die Regelung des Gesellschaftsvertrages maßgeblich ist, ansonsten gilt § 722 BGB. Danach ist der Gesellschafter im Zweifel am Gewinn und Verlust nach sogenannten **Kopfanteilen** beteiligt. Die Gesellschaftsverträge bestimmen jedoch meistens, dass die **Höhe der Einlage** oder Beiträge für den Umfang der Ergebnisbeteiligung maßgeblich ist.

Nach § 721 Abs.1 BGB soll der Gesellschafter den Rechnungsabschluss und die Gewinnverteilung erst nach Auflösung der Gesellschaft verlangen können. Gerade dieser Punkt wird in der Praxis jedoch durch den Vertrag regelmäßig abgeändert und dem Gesellschafter ein Anspruch auf jährlichen Rechnungsabschluss und jährliche Gewinnausschüttung zugestanden.

Entnahme- und Kontrollrechte der Gesellschafter

Es findet sich dazu keine gesetzliche Regelung. Daraus folgert man, dass ein **Entnahmerecht** der Gesellschafter nur insoweit besteht, als sich eine entsprechende Regelung im Gesellschaftsvertrag findet. Dort ist dann jede beliebige Gestaltung zulässig.

Gem. § 122 HGB darf aber jeder Gesellschafter im Laufe des Geschäftsjahres einen Betrag in Höhe von 4% seines letztjährigen Kapitalanteils zur eigenen Verwendung aus der Geschäftskasse nehmen.

Die **Kontrollrechte** des Gesellschafters bestimmt grundsätzlich auch wieder der Gesellschaftsvertrag, ansonsten ergänzend § 716 BGB.

Wiederholungsfragen

1. Was sind die Definitionsmerkmale der GbR?

1. Wirksamer Gesellschaftsvertrag;
2. Verfolgung eines gemeinschaftlichen Zwecks;
3. Kein voll kaufmännisches Handelsgewerbe.

2. Wie bezeichnet man die GbR noch?

Als BGB-Gesellschaft

3. Nach welchem Kriterium ist die BGB-Gesellschaft von der Bruchteilsgemeinschaft abzugrenzen?

Entscheidend ist, ob die Beteiligten einen gemeinsamen Zweck verfolgen. Bloßes Halten und Verwalten genügt dafür nicht.

4. Was besagt das Einstimmigkeitsprinzip beim Abschluss des Vertrages?

Alle Bestimmungen des Vertrages müssen einstimmig beschlossen werden.

5. Was gilt, wenn im Gesellschaftsvertrag wesentliche Punkte nicht geregelt sind?

Dann gelten die Regelungen des BGB.

6. Wie kann eine Gesellschaft neben einer Gründung noch entstehen?

Durch Umwandlung

7. Welche Arten von Umwandlung unterscheidet man?

Gesetzliche und rechtsgeschäftliche Umwandlung

8. Wozu dient die Unterscheidung zwischen Geschäftsführung und Vertretung?

Die Geschäftsführung betrifft das Innenverhältnis; die Vertretung das Außenverhältnis. Die Ausgestaltung hängt letztlich immer vom konkreten Gesellschaftsvertrag ab.

9. Was bedeutet Gesamtvertretung?

Die zur Vertretung berechtigten Gesellschafter können die Gesellschaft nur gemeinsam nach außen vertreten.

10. Was ist das Gesamthandsvermögen?

Das gemeinschaftliche Vermögen der Gesellschafter

11. Wie haften die Gesellschafter der GbR im Außenverhältnis?

Sie haften grundsätzlich für Gesellschaftsschulden unbeschränkt, unmittelbar und solidarisch.

12. Wonach haften die Gesellschafter für Pflichtverletzungen?

Die Gesellschafter haften gem. §§ 280 Abs. 1, 3 i.V.m. 281 bzw. 284 BGB, soweit der Gesellschaftsvertrag keine bes. Bestimmungen vorsieht.

13. Was besagt der Grundsatz der unbeschränkten Haftung?

Die einzelnen Gesellschafter haften nicht nur mit ihrem Anteil am Gesellschaftsvermögen, sondern auch mit ihrem privaten Vermögen.

14. Was besagt die Fortsetzungsklausel?

Die GbR wird danach mit den verbleibenden Gesellschaftern fortgeführt, wenn einer ausscheidet.

15. Ist die Gesellschaft nach ihrer Auflösung auch beendet?

Nein, der Auflösung folgt die Liquidation. Nach deren Abwicklung ist die GbR beendet.

16. Ist ein Gesellschafterwechsel bei der GbR überhaupt möglich?

Ja, er muss jedoch im Gesellschaftsvertrag vorgesehen sein und bedarf der Zustimmung aller Gesellschafter.

17. Wo finden sich Regelungen über die Kontrollrechte der Gesellschafter?

Wenn der Gesellschaftsvertrag keine Aussagen zu den Kontrollrechten enthält, gelten die Vorschriften des § 716 BGB.

3. Kapitel
Die offene Handelsgesellschaft

Die offene Handelsgesellschaft ist eine Personen(handels)gesellschaft, auf die grundsätzlich die Vorschriften über die GbR Anwendung finden. Nach dem System des Gesellschaftsrechts gilt dies jedoch nur, soweit sich in den Vorschriften des HGB (§105 ff.) keine Regelungen für die oHG finden. Man kann die oHG daher auch als einen Sonderfall der GbR begreifen, bei welcher der Betrieb eines Handelsgeschäftes zum Gesellschaftszweck wurde.

Die oHG wird definiert als die

> - **vertragliche Vereinigung von mindestens zwei Personen**
> - **zum Betrieb eines Handelsgewerbes**
> - **unter gemeinschaftlicher Firma**
> - **mit unbeschränkter Haftung aller Gesellschafter.**

Damit sind der **spezielle Zweck**, der Betrieb eines Handelsgewerbes, und die **gemeinschaftliche Firma** die spezielleren und abweichenden Merkmale dieser Gesellschaft gegenüber der GbR.

Neben dem Betrieb eines Handelsgewerbes ist als weiteres prägendes Merkmal der oHG das Tragen eines Namens, der **Firma**, festzuhalten.

> **Gem. § 17 Abs.1 HGB ist die Firma der Name, unter dem der Kaufmann seine Geschäfte betreibt und die Unterschrift abgibt.**

Die oHG ist einer juristischen Person, die Rechtfähigkeit besitzt, in Teilbereichen **angenähert**. Solche Teilbereiche enthält einmal das HGB selbst (§ 124 HGB). So kann die oHG selbst Träger eines Namens, der sogenannten Firma, sein, sie kann unter dieser Firma bestimmte Rechte und Pflichten erwerben, sie kann z.b., wie oben bereits erwähnt, in das Grundbuch eingetragen werden, und sie kann unter dem Namen verklagt werden und aktiv klagen.

Außerhalb des Handelsrechtes wird die oHG auf Teilgebieten des Steuerrechts mit Rechtsfähigkeit versehen. So ist sie Schuldner der Gewerbe- und der Umsatzsteuer. Dagegen kann sie nicht Träger von steuerlichen Rechten und Pflichten im Bereich der Einkommensteuer oder (früher) der Vermögenssteuer sein.

Nach § 19 HGB enthält die Firma der oHG die Namen mehrerer Gesellschafter oder den Namen eines Gesellschafters mit einem Zusatz, der ein Gesellschaftsverhältnis andeutet. Die Vornamen der Gesellschafter sind nicht erforderlich.

Bsp.: Karl Meyer und sein Bruder Franz wollen ein vollkaufmännisches Gewerbe betreiben. Wie können Sie firmieren? – Möglich sind z.B. Meyer oHG, Meyer & Bruder, Meyer & Co., Gebrüder Meyer; nicht zulässig dagegen Karl Meyer Kfz-Handel.

Die Gründung der oHG

Die Gründung der oHG erfolgt durch einen **Gesellschaftsvertrag**, der dem bei der GbR entspricht und zwischen zwei oder mehr Personen geschlossen wird. Inhaltlich muss dieser Gesellschaftsvertrag jedoch den Betrieb eines Handelsgewerbes zum Gegenstand haben, zu dessen Förderung sich alle Vertragspartner verpflichten.

Von der **Gründung der Gesellschaft** ist die **Entstehung** der oHG zu unterscheiden.

Dies galt bisher jedoch nur, soweit tatsächlich ein **vollkaufmännisches Handelsgewerbe** betrieben wurde. Dann war die Eintragung in das Handelsregister nicht mehr für die Entstehung der Gesellschaft erforderlich, die Eintragung hatte nur **deklaratorische Bedeutung.**

Wurde kein vollkaufmännisches Handelsgewerbe betrieben, sondern handelte es sich lediglich um einen Fall eines Soll- oder Kann-Kaufmanns, so hatte diese Eintragung konstitutiven, damit also rechtssetzenden Charakter. Somit entstand die oHG in diesen Fällen erst mit Eintragung in das Handelsregister.

Ob diese Unterscheidung nach der Änderung der §§ 1 ff. HGB noch sinnvoll ist, erscheint allerdings zweifelhaft. Unserer Ansicht nach muss man nunmehr mit Abschluss des Gesellschaftsvertrages (§ 109 HGB) die Gründung und mit Eintragung in das Handelsregister die Entstehung (§§ 123 Abs.1; 106 HGB) der oHG annehmen.

> **Beachten Sie:** Liegen die Voraussetzungen des § 123 Abs.1, 2 HGB nicht vor, entsteht keine oHG, sondern eine GbR.

Der im Rahmen der Handelsrechtsreform 1998 eingefügte § 105 Abs.2 HGB bestimmt, dass **kleingewerbliche** und **vermögensverwaltende Gesellschaften** erst mit Eintragung in das Handelsregister jeweils zur oHG werden.

Vor der Eintragung handelt es sich bei ihnen um Gesellschaften bürgerlichen Rechts, da ihnen der spezielle Zweck (Betrieb eines Handelsgewerbes) fehlt.

Die Gesellschafter können aber vereinbaren, dass auch vor der Eintragung bereits im Innenverhältnis oHG- Recht gelten soll.

Den kleingewerblichen und vermögensverwaltenden Gesellschaften steht es aber frei, die Rechtsform der oHG nach § 105 Abs.2 HGB zu wählen.

Die **Anmeldung zur Eintragung in das Handelsregister** muss, wie der Gesellschaftsvertrag selbst, von allen Gesellschaftern vorgenommen werden. Dies bedeutet praktisch, dass alle die Anmeldung unterschreiben müssen.

Die Anmeldung muss den Namen, Vornamen, Stand und Wohnort jedes Gesellschafters enthalten. Daneben sind die Firma und der Ort der geschäftlichen Niederlassung sowie der Zeitpunkt des Beginns der Gesellschaft anzugeben.

Beachten Sie: Der dort oder im Gesellschaftsvertrag festgelegte Beginn der Gesellschaft hat keine Bedeutung für das Außenverhältnis!

Lediglich im Innenverhältnis können die Gesellschafter den Beginn der Gesellschaft festlegen. Im Außenverhältnis entsteht die Gesellschaft nach den oben genannten Grundsätzen.

Rechte und Pflichten der Gesellschafter im Innenverhältnis

Die hier dargestellten Rechte und Pflichten stehen unter dem Vorbehalt, dass sie vertraglich auch anders ausgestaltet werden können. In der Regel kennen sich die Gründer einer ohG persönlich gut. Vielfach handelt es sich um Familienbetriebe, so dass es den Betroffenen selbst überlassen sein soll, wie sie das Rechtsverhältnis untereinander ausgestalten wollen.

Eine **Beitragspflicht** der Gesellschafter ergibt sich aus den §§ 105 Abs.3 HGB i.V.m. 705, 706 BGB. Als Beiträge kommen Geldeinlagen, Dienstleistungen und die Einbringung von Sachen und Rechten in Betracht.

Bsp: Wollen mehrere Personen eine ohG beispielsweise im Bereich des Bekleidungshandels gründen, kann der Beitrag eines Gründers auch in der Übertragung eines Patentes zur chemischen Herstellung von Seide bestehen.

Auf Beiträge, die nicht rechtzeitig eingebracht werden, fallen Zinsen an (§ 111 Abs.1 HGB).

Aus der engen persönlichen Bindung der Gesellschafter einer ohG, ergibt sich eine allgemeine **Treuepflicht**. Danach haben die Gesellschafter einerseits die Interessen der Gesellschaft wahrzunehmen und gleichzeitig alles zu unterlassen, was diese Interessen schädigen könnte.

Ob sich die Treuepflicht nun aus § 242 BGB ergibt, oder aus dem Gesellschafts-vertrag (was strittig ist) kann hier dahinstehen.

Im Gesetz findet sich eine Konkretisierung der Treuepflicht in den §§ 112, 113 HGB. Hierbei handelt es sich um das **sog. Wettbewerbsverbot**.

Danach darf ein Gesellschafter ohne Einwilligung der anderen Gesellschafter keine Geschäfte im selben Handelszweig tätigen und nicht bei einer gleichartigen Handels-gesellschaft als persönlich haftender Gesellschafter teilnehmen.

Bsp: A kann als Gesellschafter einer Kfz-Ersatzteile oHG nicht zusätzlich Geschäftsführer einer anderen oHG sein, die auf dem gleichen Gebiet tätig ist.

Weiterhin haben die Gesellschafter bestimmte **Mitverwaltungsrechte**. Nach § 118 HGB haben die Gesellschafter insofern ein Kontrollrecht, als sie sich von Angelegenheiten der Gesellschaft persönlich unterrichten dürfen auch wenn sie von der Geschäftsführung ausgeschlossen sind. Sie dürfen zudem die Handelsbücher und die Papiere der Gesellschaft einsehen und sich aus ihnen eine Bilanz und einen Jahresabschluss anfertigen.

Ein weiteres Mitverwaltungsrecht besteht im **Stimmrecht** (§ 119 HGB), nachdem es für Gesellschafterbeschlüsse grundsätzlich der Zustimmung aller Gesellschafter bedarf. Im Gesellschaftsvertrag kann aber auch Mehrheitsbeschluss bestimmt werden.

Die §§ 120 – 122 HGB regeln speziell für die oHG die **Gewinn- und Verlust-verteilung**.

Geschäftsführung und Vertretung bei der oHG

Die Geschäftsführung regeln die **§§ 109 – 122 HGB**. Es gilt der Grundsatz, dass **jeder Gesellschafter allein zur Geschäftsführung berechtigt und verpflichtet** ist. Damit unterscheidet sich die oHG in ihrer gesetzlichen Konstruktion von der GbR.

Allerdings kann auch hier der **Gesellschaftsvertrag** die gesetzlichen Regelungen **abändern**. So kann die Befugnis zur Geschäftsführung beschränkt oder aufgehoben werden, sie kann aber auch abgeändert werden, z.b. als Gesamtgeschäftsführungsbefugnis wie bei der GbR usw.

Beachten Sie: Auch hier ist das Gesetz dispositiv (§ 109 2.HS HGB)! Die Ausgestaltung des Rechtsverhältnisses richtet sich vornehmlich nach den Vertragsbestimmungen.

> **Bei der oHG gilt der Grundsatz der alleinigen Geschäftsführungs- und Vertretungsbefugnis.**

Nach § 114 Abs.2 HGB kann die Geschäftsführung auch **nur einem oder mehreren Gesellschaftern** übertragen werden. Die anderen Gesellschafter sind dadurch von der Geschäftsführung ausgeschlossen.

Den anderen geschäftsführungsberechtigten Gesellschaftern steht nach § 115 Abs.1 HGB ein **Widerspruchsrecht** gegen Maßnahmen des oder der vertretenden Gesellschafter zu. Eine Handlung der widersprochen wurde, muss dann unterbleiben.

Der **Umfang der Geschäftsführung** ergibt sich aus § 116 Abs.1 HGB oder dem Gesellschaftsvertrag. Typischerweise ist der Umfang der Geschäftsführung auf den gewöhnlichen Betrieb des Handelsgewerbes und die damit zusammenhängenden Geschäfte beschränkt. Dazu zählen neben den typischen An- und Verkaufstätigkeiten auch die Einstellung und Entlassung von Arbeitskräften, aber auch die Ausstellung von Wechseln und Schecks. Lediglich für **außergewöhnliche Geschäfte** ist der **Beschluss aller Gesellschafter** erforderlich, § 116 Abs.2 HGB.

Dazu sollen vor allem zählen:

- Der An- und Verkauf von Grundstücken,
- größere bauliche Maßnahmen an Grundstücken und Gebäuden,
- Eröffnung von Zweigbetrieben usw.

Ebenfalls zählt zu diesen Maßnahmen die **Bestellung eines Prokuristen.** Dagegen ist der Widerruf der Prokura durch jeden geschäftsführenden Gesellschafter möglich, § 116 Abs.3 HGB.

Nicht zu den Geschäftsführungsmaßnahmen zählen alle Maßnahmen, die den Bestand der Gesellschaft ändern oder aufheben, so Beschlüsse über die Auflösung, Vertragsänderungen usw. Allerdings gilt auch bei den außergewöhnlichen Geschäften, dass der Gesellschaftsvertrag vom Einstimmigkeitsprinzip des § 119 HGB abweichen kann.

Die **Vertretung der Gesellschaft ist in § 125 HGB** geregelt. Dort ist der Grundsatz der Einzelvertretung festgelegt. Anders als bei der GbR kann damit grundsätzlich jeder Gesellschafter allein die gesamte Gesellschaft im Außenverhältnis vertreten.

Nach § 125 Abs.2 und 3 HGB sind jedoch vertraglich bestimmte Abweichungen dieser Einzelvertretungsbefugnis möglich **(echte bzw. unechte Gesamtvertretung).**

Der **Grundsatz der Einzelvertretung** erstreckt sich auf die in § 126 HGB aufgeführten Rechtsgeschäfte. Dies sind alle gerichtlichen und außergerichtlichen Rechtshandlungen und Geschäfte einschließlich der Veräußerung und Belastung von Grundstücken sowie im Außenverhältnis die Maßnahmen zur Erteilung und zum Widerruf einer Prokura.

> **Beachten Sie:** Eine gesellschaftsvertragliche Beschränkung der Vertretungsmacht gegenüber Dritten ist unwirksam! (§ 126 Abs.2 S.1 HGB)

Enthält der Gesellschaftsvertrag eine derartige **Vertretungsbeschränkung,** kann diese lediglich eine Wirkung im Innenverhältnis entfalten und damit die Rechte und Pflichten der vertretenden Gesellschafter näher regeln und bei Verstößen Schadensersatzansprüche auslösen.

Handelt ein **Minderjähriger** für eine oHG ist § 112 BGB zu beachten. Zwar wäre die Wirksamkeit seiner Erklärung gem. § 165 BGB nicht beeinträchtigt. Aber als Gesellschafter einer oHG betreibt er auch selbständig ein Erwerbsgeschäft i.S.v. § 112 BGB und bedarf somit der Ermächtigung des gesetzlichen Vertreters und der Genehmigung des Familiengerichts (§§ 1643 Abs.1, 1822 Nr.3).

Eine **Wirkung gegenüber Dritten** kann kraft der gesetzlichen Regelung des § 126 HGB jedoch nicht eintreten.

> **Bsp.:** Der Gesellschaftsvertrag der X-oHG sieht vor, dass der zur Vertretung berechtigte Gesellschafter G lediglich Rechtsgeschäfte bis zur Höhe von 10.000 € abschließen darf. Er erwirbt für die Gesellschaft eine Maschine zum Preis von 15.000 €. Der Vertrag ist wirksam, da die Beschränkung der Vertretungsmacht nicht im Außenverhältnis wirkt. Die oHG muss annehmen und zahlen. Im Innenverhältnis haftet der G aber aus §§ 280 ff. BGB.

Gemäß § 125 HGB können nur die Gesellschafter die oHG vertreten. Möglich ist jedoch, dass die Gesellschafter der oHG, die vertretungsberechtigt sind und bleiben, ihrerseits einen **Dritten einstellen**, der die Vertretung nach außen vornehmen kann. Derartige Dritte werden in der Praxis häufig mit **Prokura** ausgestattet und dementsprechend als Vertreter der Gesellschaft auftreten.

Zum Entzug der Vertretungsmacht siehe § 127 HGB.

Zum **Gesellschaftsvermögen** gelten die zur GbR dargestellten Regeln für die oHG entsprechend. Auch die oHG ist eine **Gesamthandsgemeinschaft,** die **Gesamthandsvermögen** aufweist. Die oben genannten Grundsätze, die für das Gesellschaftsvermögen gelten, sind hier entsprechend anzuwenden.

Die Haftung bei der oHG

Bei der Haftung der oHG wird zwischen der Haftung der Gesellschafter und der Haftung der Gesellschaft selbst unterschieden.

Haftung der Gesellschaft

Anders als die GbR kann die oHG gemäß § 124 Abs.1 HGB unter ihrer Firma Verbindlichkeiten eingehen. Sie kann daher auch unter ihrer Firma vor Gericht verklagt werden. Dementsprechend setzt eine **Zwangsvollstreckung** voraus, dass vollstreckbare Titel gegen die Gesellschaft als solche erwirkt werden. Man kann daher folgern, dass **die oHG selbst haftet**, insofern soll **§ 31 BGB analog** gelten.

Nach § 89 BGB gilt § 31 BGB für alle juristischen Personen des Privatrechts und des öffentlichen Rechts.

Eine solche Haftung beschränkt sich naturgemäß auf das Vermögen der oHG, also das Gesellschaftsvermögen.

Die persönliche Haftung der Gesellschafter

Neben der oHG haften gemäß § 128 HGB die Gesellschafter den Gläubigern gegenüber ebenfalls. Da die oHG eine unbeschränkte Haftung beinhaltet, ist die Haftung gegenüber Dritten im Außenverhältnis entsprechend ausgestaltet wie bei der GbR. Eine **haftungsausschließende Vereinbarung** ist somit Dritten gegenüber unwirksam. Auch hier haften also die Gesellschafter **unbeschränkt** mit ihrem gesamten privaten Vermögen, **unmittelbar** und **gesamtschuldnerisch**. Siehe dazu schon oben bei der GbR. Die dort genannten Regeln gelten hier in gleicher Weise.

Aber: Durch Rechtsgeschäft kann jedoch eine Haftungsbeschränkung mit dem Gläubiger vereinbart werden.

Daraus folgt, dass jeder Gesellschafter, der nach § 128 HGB in Anspruch genommen wird, den Gläubigern

- **unmittelbar**
  (Jeder Gesellschafter kann einzeln in Anspruch genommen werden)

- **unbeschränkt**
  (Der Gesellschafter haftet auch mit seinem Privatvermögen.)

- **primär**
  (Die Gläubiger können direkt die Gesellschafter in Anspruch nehmen und müssen sich nicht erst über § 124 Abs.1 HGB an die Gesellschaft halten.)

- **gesamtschuldnerisch**
  (Jeder Gesellschafter haftet ohne Rücksicht auf den Anteil seiner Beteiligung an der Gesellschaft für die gesamten Verbindlichkeiten.)

- **akzessorisch**
  (Es darf sich bei den Verbindlichkeiten nur um solche der Gesellschaft handeln.)

haftet.

Wer gem. § 130 HGB in eine bereits bestehende Gesellschaft eintritt, haftet gleich den anderen Gesellschaftern nach §§ 128, 129 HGB für Verbindlichkeiten der Gesellschaft, die vor seinem Eintritt eingegangen wurden.

Hier wird nicht zwischen Alt- und Neuverbindlichkeiten unterschieden.

Die Haftung des eintretenden Gesellschafters setzt voraus, dass

1. **eine oHG (oder KG) bereits bestanden hat und**
2. **der Gesellschafter neu eingetreten ist.**

Zu beachten ist, dass auch ein Erbe oder ein Kommanditist, der später Komplementär wird, in die Gesellschaft i.S.d. § 130 HGB „eintritt".

„**Eintritt**" i.S.d. Norm entspricht somit hier dem Erwerb des Handelsgeschäftes nach § 25 HGB.

Abzugrenzen ist die Haftung nach § 130 HGB von der Haftung nach § 28 HGB (s.u.).

Zwei Besonderheiten regelt das HGB jedoch hinsichtlich des **Übergangs von einem Einzelunternehmen in eine oHG** und des **Ausscheidens eines Gesellschafters aus einer oHG** bezüglich der Haftung.

Wenn **aus einem Einzelunternehmen** durch Hinzutritt eines Gesellschafters eine **oHG entsteht**, so übernimmt neben der oHG, die damit neu entstanden ist, auch der eintretende Gesellschafter für die alten Schulden der bisherigen Einzelunternehmung die Haftung (§ 28 HGB).

Ein Ausschluss der Haftung ist einem Dritten gegenüber nur zulässig, wenn der Ausschluss („abweichende Vereinbarung") in das Handelsregister eingetragen und bekannt gemacht worden ist (siehe § 28 Abs.2 HGB).

Bsp.: Nimmt der Einzelkaufmann E einen persönlich haftenden Gesellschafter G in sein Unternehmen auf, handelt es sich um einen Fall des § 28 HGB, weil dadurch eine oHG entsteht. Nach § 28 HGB haftet die Gesellschaft - nicht der Gesellschafter. G haftet für alte Verbindlichkeiten des Einzelkaufmanns nach § 128 HGB.

Weiteres Bsp.: Haben E und G im vorigen Beispiel im Gesellschaftsvertrag vereinbart, dass G nicht für Verbindlichkeiten haften soll, die vor seinem Eintritt entstanden sind, müssen sie diese Haftungsbeschränkung in das Handelsregister eintragen. Ansonsten wird die Vereinbarung nicht i.S.d. § 28 Abs.2 HGB einem Dritten gegenüber wirksam.

Der **ausgeschiedene Gesellschafter** haftet nach § 128 HGB über sein Ausscheiden hinaus. Die Haftung ist aber auf Verbindlichkeiten begrenzt, die innerhalb von fünf Jahren fällig werden (Lesen Sie § 160 HGB!).

Die Ausschlussfrist von fünf Jahren beginnt mit dem Tag, an dem das Ausscheiden des Gesellschafters im Handelregister eingetragen ist.

Der Ausschluss betrifft alle bis dahin begründeten Verbindlichkeiten, somit auch eventuelle Verbindlichkeiten aus Dauerschuldverhältnissen.

Lesen Sie zur Vertiefung zu den §§ 25 –28 HGB:
JURISTISCHE GRUNDKURSE, Band 21 Handelsrecht: 5. Kapitel, III und IV!

Einwendungen der Gesellschafter

Gem. § 129 Abs.1 HGB kann ein Gesellschafter, der für eine Gesellschafts-
verbindlichkeit in Anspruch genommen wird, Einwendungen, die nicht in seiner
Person begründet sind, nur insoweit geltend machen, als sie auch von der Gesellschaft geltend gemacht werden können.

> *Bsp.: Ein Gesellschafter kann ggf. alle Nichtigkeitsgründe des BGB gegen die Verbind-
> lichkeiten einwenden, da diese auch der Gesellschaft zustehen.*

> *Weiteres Bsp.: Ein Gesellschafter kann keine Einwendungen geltend machen, die weder
> ihm persönlich, noch der Gesellschaft zustehen.*

Einwendungen, die in seiner Person begründet sind, lägen beispielsweise vor, wenn
ihm persönlich die Verbindlichkeiten erlassen oder gestundet worden sind.

Steht der Gesellschaft das Recht zu, das Rechtsgeschäft, welches die Verbindlichkeit
begründet, anzufechten, kann der Gesellschafter die Befriedigung verweigern (§ 129
Abs.2 HGB).

Dasselbe gilt, wenn der Gläubiger sich durch Aufrechnung gegen eine fällige
Forderung der Gesellschaft befriedigen kann (Abs.3).

> **Beachten Sie:** Die Möglichkeit zur Aufrechnung kann gem. § 393 BGB oder
> durch vertragliche Vereinbarung ausgeschlossen werden.

§ 129 Abs.4 HGB stellt schließlich fest, dass die Zwangsvollstreckung nicht gegen die
Gesellschafter betrieben werden kann, wenn sich der Vollstreckungstitel nur gegen
die Gesellschaft richtet.

Der Gesellschafterwechsel

Offene Handelsgesellschaften sind i.d.R. kleinere Betriebe mit wenigen Mitgliedern (häufig Familienbetriebe). Hier ist die Zuverlässigkeit und das Vertrauen der Mitglieder untereinander von besonderer Bedeutung. Ein Gesellschafterwechsel kann somit nicht beliebig erfolgen, wie bei einer Körperschaft.

Das BGB sieht für die GbR ausdrücklich Einschränkungen vor (siehe §§ 717, 719 BGB). Im Gesellschaftsvertrag kann jedoch der Gesellschafterwechsel individuell gestaltet werden. In Betracht kommt insoweit die **Aufnahme** oder das **Ausscheiden** von Gesellschaftern.

Die Aufnahme von Gesellschaftern

Die Gesellschafter können vereinbaren, dass die Aufnahme von weiteren Gesell-schaftern möglich sein soll. Die Vereinbarung kann durch den Gesellschaftsvertrag oder einen späteren Beschluss erfolgen. Die Haftung des neuen Gesellschafters gem. § 130 HGB ist nicht dispositiv.

Wenn alle Gesellschafter zustimmen, kann auch ein Gesellschafter seinen Geschäftsanteil auf einen neuen Gesellschafter **übertragen**. Der übertragende Gesellschafter scheidet dann selbstverständlich aus der Gesellschaft aus.

Der Ausschluss von Gesellschaftern

Die Möglichkeit einen Gesellschafter aus der Gesellschaft auszuschließen, kann im Gesellschaftsvertrag vereinbart sein oder das Gericht kann gem. § 140 HGB die Ausschließung auf Antrag aussprechen. Das erfordert einen wichtigen Grund. Ein solcher liegt gem. § 133 Abs.2 HGB vor, wenn ein Gesellschafter eine ihm nach dem Gesellschaftsvertrag obliegende wesentliche Verpflichtung vorsätzlich oder aus gro-ber Fahrlässigkeit verletzt oder wenn die Erfüllung einer Verpflichtung unmöglich ist.
Es kann also schwierig werden unliebsame Gesellschafter auszuschließen, wenn im Gesellschaftsvertrag nichts Ausdrückliches in dieser Hinsicht geregelt wurde.

Zu beachten ist aber, dass eine Ausschließung ohne wichtigen Grund nicht im Gesellschaftsvertrag vereinbart werden kann!

In § 139 HGB ist geregelt, wie nach dem **Tod eines Gesellschafters** mit den Erben verfahren werden soll. Soll die Gesellschaft mit dem Erben fortgesetzt werden, kann der Erbe an die Stelle des verstorbenen Gesellschafters treten oder innerhalb dreier Monate nach Erbfall fordern, dass ihm die Stellung eines Kommanditisten eingeräumt wird. Wird ihm dies verwehrt, kann er ohne Frist seine Mitgliedschaft kündigen.

Im Gesellschaftsvertrag kann aber auch bestimmt werden, dass die Gesellschaft nur mit den verbliebenen Gesellschaftern fortgeführt werden soll. Dem oder den Erben steht dann jedoch ein Abfindungsanspruch zu.

Klausurhinweis:

Beim **Tod eines Gesellschafters** können komplizierte Nachfolgeprobleme entstehen. Zur Vertiefung sei daher unbedingt zum Thema die Lektüre eines Lehrbuches empfohlen, da hier eine Verknüpfung mit dem Erbrecht klausurrelevant ist!

Die Auflösung der oHG

Die Auflösung der oHG bestimmt sich nach § 131 HGB (lesen!).

Sie wird danach aufgelöst durch

- **Zeitablauf**
- **Gesellschafterbeschluss**
- **Eröffnung des Insolvenzverfahrens**
- **gerichtliche Entscheidung**
- **Gründe, die individuell im Gesellschaftsvertrag vereinbart wurden**

Ein Gesellschafter kann auch sechs Monate vor Schluss eines Geschäftsjahres kündigen, wenn die Gesellschaft nicht für eine bestimmte Dauer eingegangen wurde.

Liegt ein wichtiger Grund vor, muss der entsprechende Gesellschafter nach § 133 HGB auf Auflösung klagen. Bei der BGB-Gesellschaft ist dies nicht notwendig.

Die Auflösung ist gem. § 143 Abs.1 HGB im Handelsregister einzutragen.

Liquidation

Nach der Auflösung ist die Gesellschaft noch nicht beendet, sondern es ist ein sog. **Liquidationsgesellschaft** entstanden. Erst wenn die Liquidation erfolgt ist, ist die Gesellschaft vollständig beendet.

Die Liquidation richtet sich entweder nach den gesetzlichen Vorschriften (§§ 145 – 158 HGB) oder nach den eigenen gesellschaftsvertraglichen Regelungen. Die Vorschriften über die Liquidation sind somit **dispositiv**.

Gem. § 146 HGB erfolgt die Liquidation durch alle Gesellschafter. Haben sie nicht im Gesellschaftsvertrag bestimmt, dass diese Aufgabe einer bestimmten Person übertragen worden ist, sind alle Liquidatoren nur gemeinschaftlich zur Geschäftsführung und Vertretung befugt (§ 150 HGB).

Während der Zeit der Liquidationsgesellschaft haften die Gesellschafter grundsätzlich auch für Verbindlichkeiten, die nach Auflösung der Gesellschaft entstehen.

Rechte und Pflichten der Liquidatoren

Gem. §§ 149, 154, 155 HGB haben die Liquidatoren

- die laufenden Geschäfte zu beendigen
- die Forderungen einzuziehen
- die Gläubiger aus dem verbliebenen Vermögen zu befriedigen
- jeweils eine Eröffnungs- und Schlussbilanz zur Liquidation aufzustellen
- das verbleibende Vermögen unter den Gesellschaftern zu verteilen

Nach erfolgter Liquidation müssen die Liquidatoren das Erlöschen der oHG zur Eintragung in das Handelsregister anmelden.

Fall 3:

Die Brüder Ölfuß (Ö) und Bleifuß (B) gründen eine oHG zum Handel mit Kfz-Ersatzteilen unter der Firma „Kruse & Co.".

Ihre Einlage soll jeweils 10.000 Euro betragen. Die Eintragung im Handelsregister ist bislang noch nicht erfolgt. Laut Vereinbarung soll Ö, der Praktiker von beiden, sich ausschließlich um die Beratung und den Verkauf kümmern, B sollte die kaufmännische Leitung übernehmen.

Nachdem B bereits eine Reinigungskraft (R) eingestellt hat, stellt Ö noch einen weiteren Verkäufer (V) ein.

Nach drei Monaten bereits kommt die Firma in finanzielle Schwierigkeiten.

An V stehen noch Zahlungen i.H.v. 2.900 Euro aus.

Hat V einen Anspruch auf Zahlung gegen die oHG?

Lösungsvorschlag

Der Anspruch des V könnte sich direkt gegen die Firma „Kruse & Co" richten. Eine oHG kann gem. § 124 Abs.1 HGB unter ihrer Firma Rechte erwerben und Verbindlichkeiten eingehen.

Es müsste sich also zunächst um eine oHG nach § 105 Abs.1 HGB handeln. Bei der oHG handelt es sich um eine Personengesellschaft. Folglich müssen auch bei ihr die Merkmale der BGB-Gesellschaft vorliegen.

Ein privatrechtlicher Vertrag, ein gemeinsamer Zweck und die Verpflichtung diesen Zweck zu fördern sind bei der Firma Kruse & Co. gegeben.

Zusätzlich verlangt § 105 HGB, dass der Zweck auf den Betrieb eines Handelsgewerbes unter gemeinschaftlicher Firma gerichtet ist.

Die beiden Brüder wollen mit Ersatzteilen und der Firma „Kruse & Co." handeln. Die Voraussetzungen des § 105 HGB liegen somit vor.

Eine Haftungsbeschränkung liegt bei keinem der beiden vor.

Die oHG hätte gem. § 123 Abs.1 HGB auch nach außen hin wirksam werden müssen. Gem. § 123 Abs.1 HGB wird eine oHG im Außenverhältnis mit Eintragung im Handelsregister wirksam. Die Eintragung im Handelsregister ist hier aber noch nicht erfolgt. Eine Wirksamkeit im Außenverhältnis liegt hiernach nicht vor.

Es besteht jedoch nach § 123 Abs.2 HGB auch die Möglichkeit, dass die oHG ihre Wirksamkeit dadurch erlangt, dass die Gesellschaft ihre Geschäfte vor Eintragung in das Handelsregister beginnt.

Voraussetzung für den Beginn der Geschäfte nach § 123 Abs.2 HGB ist das Handeln der Gesellschafter im Namen der Gesellschaft.

B stellte bereits Personal für die zukünftige oHG ein. Er handelte im Namen der Gesellschaft und laut Vereinbarung im Einverständnis mit Ö.

Die Gesellschaft ist somit im Verhältnis zu Dritten wirksam geworden.

Letztlich muss noch geprüft werden, ob Ö den V wirksam eingestellt hat. Ö müsste also die entsprechende Vertretungsbefugnis gehabt haben.

Ö stellte den V zeitlich später ein, als B die Reinigungskraft R. Da die Gesellschaft zu dieser Zeit aber bereits im Außenverhältnis wirksam bestand, war eine Zustimmung des B nicht mehr erforderlich. Es kommen daher nun die Vorschriften über die Vertretung (§§ 125, 126 HGB) zur Anwendung.

Nach § 125 Abs.1 HGB ist jeder Gesellschafter zur Vertretung ermächtigt. Ö ist gleichermaßen Gesellschafter der oHG wie sein Bruder B. Er konnte folglich den V mit Wirkung für die Gesellschaft einstellen, ohne sich mit B darüber abgesprochen zu haben.
Die Vereinbarung, dass Ö sich lediglich um Beratung und Verkauf kümmern sollte, betrifft nur das Innenverhältnis und damit die Geschäftsführungsbefugnis.

Ein Ausschluss der Vertretungsmacht des Ö hätte im Gesellschaftsvertrag fixiert und gem. § 107 HGB im Handelsregister eingetragen werden müssen.

Ö war somit befugt, den V einzustellen.

V hat folglich einen Anspruch auf Zahlung der 2.900 Euro gegen die oHG.

§§§§§§§§§§§§§§§§§§§

Fall 4:

X und Y gründen eine oHG. Im Handelsregister wird eingetragen und bekannt gemacht, dass X von der Vertretung ausgeschlossen ist. Dem P wird darüber hinaus Prokura erteilt. P und Y sind unechte Gesamtvertreter.

Ein gewisser Ö bietet dem Y eines Tages einen schrottreifen Kleinbus zum Kauf an. Y kauft diesen im Namen der oHG, obwohl P ihm ausdrücklich seine Zustimmung verweigert hat.

Hat Ö Anspruch auf Bezahlung des Kaufpreises gegen die oHG?

Lösungsvorschlag

Ö könnte einen Anspruch auf Bezahlung des Kaufpreises gegen die X-Y-oHG aus § 433 Abs.2 haben.

Dies setzt einen wirksamen Kaufvertrag zwischen der OHG und Ö voraus.

Zur Wirksamkeit des Kaufvertrages ist erforderlich, dass Y die oHG wirksam gemäß § 177 Abs.1 BGB vertreten hat. Nach dem Gesellschaftsvertrag hatte Y nur unechte Gesamtvertretungsmacht. Daher hat er ohne die Zustimmung des P die oHG nicht wirksam vertreten.

Der Unwirksamkeit könnte jedoch entgegenstehen, dass die Bestimmung einer unechten Gesamtvertretung selbst nicht wirksam war. § 125 Abs.1 HGB geht vom Grundsatz der Einzelvertretungsmacht jedes Gesellschafters aus, lässt aber nach Abs.3 die Regelung einer unechten Gesamtvertretung zu.

Eine solche Regelung im Gesellschaftsvertrag liegt hier vor.

Die unechte Gesamtvertretung ist hier als die ausschließliche Vertretungsregelung ausgestaltet. Fraglich ist, ob dies ohne weiteres zulässig ist.

Gem. § 125 Abs.1 S.1 HGB ist unechte Gesamtvertretung nur neben Einzel- oder echter Gesamtvertretung möglich. Eine Selbstorganschaft wäre ansonsten nicht mehr möglich.

Selbstorganschaft besagt, dass die Gesellschaft jederzeit allein durch einen Gesellschafter vertreten werden können muss.

Aus dem Prinzip der Selbstorganschaft und dem Verbot der Drittorganschaft ergibt sich, dass unechte Gesamtvertretung nur zulässig ist, wenn daneben Einzelvertretung oder echte Gesamtvertretung besteht. Die gesellschaftsvertragliche Regelung über die Vertretung ist hier folglich unwirksam.

Eine wirksame Vertretung läge vor, wenn an die Stelle der unwirksamen Regelung der gesetzliche Grundsatz der Einzelvertretung gem. § 125 Abs.1 HGB getreten wäre.

Dies würde aber den Interessen der Parteien nicht gerecht werden, dass Y ausdrücklich nicht allein vertretungsberechtigt sein sollte.

Statt der Einzelvertretung nimmt die h.M. in solchen Fällen Gesamtvertretung aller Gesellschafter an.

Folgt man dem auch hier, so bestand auch in der oHG von X und Y echte Gesamtvertretungsmacht und Y hätte die Gesellschaft nicht wirksam vertreten.

Der Ö wird aber insoweit durch § 15 Abs.1 HGB geschützt (Publizität des Handelregisters), als dass ihm die echte Gesamtvertretung des Y nicht entgegengehalten werden kann, da sie nicht gemäß § 107 HGB in das Handelsregister eingetragen und bekannt gemacht worden ist.

Daher ist der Kaufvertrag wirksam zustande gekommen.

§§§§§§§§§§§§§§§§

1. Wie definiert sich die ohG?

Die ohG ist die vertragliche Vereinigung von mind. zwei Personen zum Betrieb eines Handelsgewerbes unter gemeinschaftlicher Firma mit unbeschränkter Haftung aller Gesellschafter.

2. Wann gelten die Vorschriften über die GbR auch für die ohG?

Gem. § 105 Abs.3 HGB gelten sie auch für die ohG, soweit das HGB keine speziellen Regelungen für die ohG vorsieht.

3. Was sind die abweichenden Merkmale der ohG gegenüber der GbR?

a) der Betrieb eines Handelsgeschäftes
b) die gemeinschaftliche Firma

4. Was ist bei der Eintragung einer ohG in das Handelsregister zu beachten?

Die Anmeldung muss von allen Gesell-schaftern vorgenommen werden – alle müssen unterschreiben!

5. Weshalb wird zwischen Gründung und Entstehung unterschieden?

Gegründet ist die Gesellschaft durch Ab-schluss des Gesellschaftsvertrages. Dritten gegenüber wird die ohG erst mit Eintragung ins Handelsregister wirksam.

6. Nennen Sie die Mitverwaltungsrechte der Gesellschafter!

- Kontrollrecht (§ 118 HGB)
- Stimmrecht (§ 119 HGB)

7. Worin unterscheiden sich Geschäfts-führung und Vertretung bei ohG und GbR?

Bei der ohG gilt der Grundsatz der alleinigen Geschäftsführungs- und Vertre-tungsbefugnis.

8. Wem steht das Widerspruchsrecht nach § 115 Abs.1 HGB nur zu?

Nach dem Wortlaut der Vorschrift steht es nur den *geschäftsführungsberechtigten* Ge-sellschaftern zu.

9. Was regelt § 125 HGB?

Er bestimmt die Einzelvertretung der Gesell-schaft.

Nach den Abs. 2 und 3 ist aber auch hier die vertragliche Ausgestaltung ausschlagge-bend.

10. Unter Berücksichtigung welcher Prinzipien soll die unechte Gesamt-vertretung nur zulässig sein?

Prinzip der Selbstorganschaft und Verbot der Drittorganschaft.

11. Ist der Name „Lührings Lebensmittel" eine zulässige Bezeichnung für eine ohG?

Nein, das Gesellschaftsverhältnis muss durch die Namensgebung erkennbar sein.

12. Wem obliegt die Geschäftsführung bei einer ohG?

Grundsätzlich ist jeder Gesellschafter zur alleinigen Geschäftsführung und auch Ver-tretung berechtigt und verpflichtet.

13. Was versteht man unter außer-gewöhnlichen Geschäften i.S.d. § 116 Abs.2 HGB?

Grundstücksgeschäfte, größere bauliche Maßnahmen, Eröffnung von Zweigbetrieben usw. aber auch die Bestellung eines Prokuristen.

14. Was ist bei diesen Geschäften zu beachten?

Bei außergewöhnlichen Geschäften ist der Beschluss aller Gesellschafter erforderlich.

15. Sind die Gesellschafter dadurch von der Haftung ausgeschlossen, dass die oHG selbst haftet?

Nein, daneben haften die Gesellschafter für Gesellschaftsverbindlichkeiten wie bei der GbR.

16. Wonach haftet die Gesellschaft für Verbindlichkeiten?

§ 28 HGB

17. Wonach haften die Gesellschafter?

§ 128 HGB

18. Nennen Sie die Haftungsmerkmale nach § 128 HGB!

Die Gesellschafter haften unbeschränkt, unmittelbar, primär, gesamtschuldnerisch und akzessorisch.

19. Unter welchen Voraussetzungen kann ein Gesellschafter die Gesellschaft kündigen?

Die Gesellschaft muss auf unbestimmte Dauer eingegangen worden sein und die Kündigung muss mindestens sechs Monate vor Schluss des Geschäftsjahres erfolgen.

20. Was entsteht, wenn die Auflösung im Handelsregister eingetragen wurde?

Es entsteht eine Liquidationsgesellschaft.

21. Was bleibt den Liquidatoren nach erfolgter Liquidation noch zu tun?

Sie müssen das Erlöschen der oHG zur Eintragung in das Handelsregister anmelden.

4. Kapitel

Die Kommanditgesellschaft (KG)

Allgemeines

Die Kommanditgesellschaft ist eine **Sonderform der offenen Handelsgesellschaft**, für die über § 161 Abs.2 die Vorschriften der oHG und über § 105 Abs.3 HGB die Vorschriften des BGB über die Gesellschaft gelten. Die §§ 161 ff. HGB regeln folglich nur, was von den Vorschriften über die oHG und BGB-Gesellschaft abweicht. Wie bei der oHG herrscht bei der KG weitgehende Vertragsfreiheit, so dass es letztlich immer auf den konkreten Gesellschaftsvertrag ankommt.

Die KG wird definiert als

> - **vertragliche Vereinigung mehrerer Personen,**
>
> - **deren gesellschaftlicher Zweck auf den Betrieb eines Handelsgewerbes unter gemeinschaftlicher Firma gerichtet ist,**
>
> - **wenn bei einem oder bei einigen der Gesellschafter die Haftung gegenüber den Gesellschaftsgläubigern auf den Betrag einer bestimmten Vermögenseinlage beschränkt ist,**
>
> - **während bei dem anderen Teil der Gesellschafter eine Beschränkung der Haftung nicht stattfindet.**

Im Unterschied zur oHG, kommt bei der KG hinzu, dass es unter den Gesellschaftern **unterschiedliche Haftungsverhältnisse** gibt.

Die Gesellschafter der KG

Der Kommanditist

Die Gesellschafter, deren Haftung auf den Betrag einer bestimmten Vermögens-einlage beschränkt ist, nennt man **Kommanditisten.**

Die Haftungseinschränkung hat aber zur Folge, dass die Rechte der Kommanditisten eingeschränkt sind. Nach § 164 HGB sind die Kommanditisten von der Geschäfts-führung ausgeschlossen und haben **kein Widerspruchsrecht** gegen Handlungen der Komplementäre. Sind jedoch Entscheidungen zu treffen, die über den gewöhn-lichen Betrieb des Handelsgewerbes der Gesellschaft hinausgehen, können Kommanditisten diesen auch widersprechen.

Für den Kommanditisten gelten gem. § 165 HGB nicht die Treuepflichten, die für die oHG- Gesellschafter gelten. Er ist aber dazu verpflichtet, alles zu unterlassen, was der KG schaden könnte.

Beachten Sie: Man muss bei der Prüfung solcher Kompetenzen immer im Auge behalten, ob der Gesellschaftsvertrag von den gesetzlichen Regelungen nicht abweicht. Durch Vertrag können dem Kommanditisten durchaus auch Geschäftsführungsbefugnisse einge-räumt sein!

Entgegengesetzt können die Rechte des Kommanditisten auch weiter reduziert werden.

Der Komplementär

Als **Komplementäre** bezeichnet man hingegen die Gesellschafter, die **unbeschränkt haften** (vgl. §§ 161 Abs.2, 128, 129 HGB). Das Gesetz spricht insoweit von „**persönlich haftenden Gesellschaftern**" (phG).

Bei ihnen liegt nach § 164 HGB grundsätzlich die Geschäftsführung. Der Komplementär hat organschaftliche Vertretungsmacht. Für ihn gelten über § 161 Abs.2 HGB die §§ 125-130 HGB.

Damit gelten für ihn auch die Treuepflichten nach §§ 112, 113 HGB.

Komplementär kann auch eine GmbH sein (siehe hierzu das Kapitel 10).

Die Gründung der KG

Infolge der Handelsrechtsreform von 1998 ist nunmehr zu unterscheiden zwischen einer KG nach § 161 Abs.1 HGB und einer KG nach §§ 161 Abs.2, 105 Abs.2 HGB.

Bei Kommanditgesellschaften nach §§ 161 Abs.2, 105 Abs.2 HGB handelt es sich um kleingewerbliche und vermögensverwaltende Gesellschaften. Bis zur Eintragung in das Handelsregister bestehen sie im Außenverhältnis als Gesellschaften bürgerlichen Rechts.

Selbstverständlich entsteht auch die KG im **Innenverhältnis** mit Abschluss eines Gesellschaftsvertrages. Zunächst müssen dieselben Merkmale wie bei der oHG vorliegen (siehe oben).

Weiterhin muss bestimmt sein, welcher Vertragspartner Kommanditist sein soll, welche Einlage er zu leisten hat und in welchem Umfang er haften soll.

Bei der Einlage der Kommanditisten unterscheidet man zwischen **Hafteinlage** und **Pflichteinlage**. Die Hafteinlage ist der Betrag, der im Handelsregister eingetragen wurde und bezeichnet den Haftungsumfang des Kommanditisten im Außenverhältnis.

Als Pflichteinlage wird der Betrag bezeichnet, der im Innenverhältnis vertraglich festgesetzt wurde. In der Regel fallen die beiden Begriffe zusammen. Es kann jedoch sein, dass die Pflichteinlage nicht aus einer Geldzahlung besteht. Die Einlage ist im Handelsregister dagegen stets in Geld zu beziffern

> *Bsp.: Ist im Gesellschaftsvertrag vereinbart, dass ein Kommanditist einen Geldbetrag von 30.000 Euro in das Gesellschaftsvermögen einzubringen hat, wird dieser Betrag im Handelsregister eingetragen. Hier fallen Haftungseinlage und Pflichteinlage begrifflich zusammen. Hat sich der Kommanditist jedoch verpflichtet, Sachgegenstände beizusteuern, hätte im Handelsregister der Wert dieser Gegenstände in Geld beziffert werden müssen und somit wären die beiden Begriffe auseinandergefallen.*

Die Eintragung im Handelsregister erfolgt wie bei der oHG mit dem Zusatz, dass die Anmeldung nach § 162 Abs.1 HGB die **Bezeichnung der Kommanditisten** und den **Betrag ihrer Einlage** enthalten muss.

Beachten Sie den § 162 Abs.1 S.2 HGB!

> *§ 162 Abs.1 S.2 HGB: „Ist eine Gesellschaft bürgerlichen Rechts Kommanditist, so sind auch deren Gesellschafter entsprechend § 106 Abs.2 HGB und spätere Änderungen in der Zusammensetzung der Gesellschafter zur Eintragung anzumelden."*

Nach §§ 123, 161 Abs.2 HGB ist die KG auch im **Außenverhältnis** wirksam.

Kontrollrechte

Nach § 118 Abs.1 HGB kann sich ein Gesellschafter, auch wenn er von der Geschäftsführung ausgeschlossen ist, von den Angelegenheiten der Gesellschaft persönlich unterrichten, die Handelsbücher und Papiere der Gesellschaft einsehen und sich aus ihnen eine Bilanz und einen Jahresabschluss anfertigen. Das gilt aber nur für Komplementäre!

Der Komplementär darf daher Geschäftsräume betreten, die Handelsbücher einsehen; er darf sogar Privatbücher eines Gesellschafters einsehen, wenn er geschäftliche und private Aufzeichnungen nicht getrennt hat.

Dem Kommanditisten stehen auch hier nicht so weitgehende Rechte zu, wie dem Komplementär.

Für ihn gilt § 166 HGB (lesen!). Er kann lediglich die **abschriftliche Mitteilung des Jahresabschlusses** verlangen und dessen Richtigkeit unter **Einsicht in die Bücher und Papiere** prüfen. Die Rechte aus § 118 Abs.1 HGB stehen dem Kommanditisten ausdrücklich nicht zu, vgl. § 166 Abs.2 HGB.

Auf Antrag können die Kontrollrechte des Kommanditisten aus wichtigen Gründen durch Gerichtsentscheidung erweitert werden, § 166 Abs.3 HGB.

Rechtsgeschäfte im Außenverhältnis

Die KG kann unter ihrer Firma Rechte (z.B. Eigentum an Grundstücken) erwerben, Verbindlichkeiten eingehen und vor Gericht klagen und verklagt werden, vgl. § 124 HGB. Die Rechtstellung des Komplementärs entspricht im Außenverhältnis der des Gesellschafters einer oHG (s.o.).

Die Vertretung der KG

Nach § 170 HGB ist der **Kommanditist** von der (organschaftlichen) Vertretung der KG ausgeschlossen. Von dieser Regelung kann der Gesellschaftsvertrag **keine Abweichung** treffen.

> **Beachten Sie:** § 170 HGB gilt nur für die **organschaftliche** Vertretungsmacht. Jede rechtsgeschäftliche Vertretungsmacht (Prokura, Handlungsvollmacht), die auch jedem außenstehenden Dritten erteilt werden kann, kann selbstverständlich auch dem Kommanditisten erteilt werden.

Die Haftung der Gesellschafter

Der **Komplementär** haftet für die Verbindlichkeiten der Gesellschaft, wie die Gesellschafter der oHG gem. § 128 HGB persönlich (s.o.).

Der **Kommanditist** dagegen haftet nur **bis zur Höhe seiner Einlage**, aber bis dahin auch persönlich und unmittelbar. Anspruchsgrundlage ist hier § 171 Abs.1, 1.HS HGB.

Nach § 171 Abs.1, 2. HS HGB ist die Haftung des Kommanditisten jedoch ausgeschlossen, wenn er seine Einlage bereits geleistet hat. Die Beweislast hierfür liegt beim Kommanditisten selbst, da eine bereits erfolgte Leistung nicht aus dem Handelsregister ersichtlich ist.

Zu beachten ist, dass die Gesellschaft bereits in das Handelsregister eingetragen sein muss, da ansonsten jeder Kommanditist, der dem Geschäftsbeginn zugestimmt hat, nach § 176 Abs.1 HGB wie ein Komplementär haftet.

War dem Gläubiger die Kommanditistenstellung des Gesellschafters bekannt, bleibt § 171 Abs.1 HGB die Anspruchsgrundlage.

Gesellschafterwechsel

Bei der KG können ebenso wie bei der oHG Gesellschafter aufgenommen oder ausgeschlossen werden.

Besonderheiten ergeben sich hier aus der Unterscheidung zwischen Komplementären und Kommanditisten.

Wird der einzige Komplementär ausgeschlossen, löst sich die Gesellschaft auf, es sei denn ein neuer Komplementär wird aufgenommen oder einer der Kommanditisten wird Komplementär.

Wer als **Kommanditist in eine Handelsgesellschaft eintritt** haftet gem. §§ 171, 172 HGB für die vor seinem Eintritt begründeten Verbindlichkeiten der Gesellschaft (§ 173 HGB).

Ein eintretender neuer Komplementär haftet gem. §§ 161 Abs.2, 130,128 HGB.

Die Auflösung der KG

Für die Auflösung und die Liquidation der KG gilt grundsätzlich das gleiche, wie bei der oHG. Über § 161 Abs.2 HGB gilt für sie § 131 HGB gleichermaßen. Im Gesetz ist jedoch in § 177 HGB eine Besonderheit für die KG geregelt. Danach löst der **Tod eines Kommanditisten** die Gesellschaft nicht auf. Die Gesellschaft wird, wenn nicht im Vertrag etwas anderes bestimmt wurde, mit dem oder den Erben fortgesetzt.

Zu beachten ist, was passiert, wenn mit dem Tod der letzte Komplementär oder der letzte Kommanditist weggefallen ist.

Fällt der letzte Kommanditist weg, und bleiben nur noch Komplementäre übrig, wandelt sich die KG in eine oHG. Alle verbliebenen Gesellschafter sind schließlich mit unbeschränkter Haftung beteiligt.

Bleiben hingegen nur noch Kommanditisten übrig, gibt es verschiedene Möglichkeiten. Die Kommanditisten können die Gesellschaft auflösen oder einen neuen Komplementär aufnehmen. Sie können aber auch beschließen, die ehemalige KG als oHG weiter zu führen. Beschließen sie dies nicht und sind aber weiterhin werbend tätig, geht die KG automatisch in eine oHG über.

Fall 5:

Millionärssohn M und Einfaltspinsel E gründen der Umwelt zuliebe eine KG, um aus alten Joghurtbechern Stiftehalter zu basteln. Da sich M nicht gerne die Hände schmutzig macht, ist er Kommanditist mit einer Einlage von 15.000 Euro geworden, die er sofort zahlte.

E ist Komplementär, und es wurde vereinbart, dass er, da er ohnehin über keinerlei Vermögen verfügt, sich geistig und körperlich voll in den Betrieb einbringt und finanziell damit entlastet ist.

Nachdem M und E einen entsprechenden Gesellschaftsvertrag ausgetüftelt hatten, wurde die KG im Handelsregister eingetragen.

Um die Stiftehalter etwas ansehnlicher zu gestalten, ließ sich E von G regelmäßig Silberpapier liefern. Aufgrund des übermäßigen Eifers des E, stehen jedoch bald Zahlungen an G in Höhe von 4.500 Euro aus.

G möchte den M zur Zahlung verpflichten, da die KG und E das Geld nicht aufbringen können. M könne sich, so G, nicht hinter seiner Kommanditistenstellung verstecken und außerdem sei er wirtschaftlich gesehen ohnehin als Alleininhaber des Handelsgeschäftes anzusehen.
Kann G die Zahlung von M verlangen?

Lösungsvorschlag

Zunächst müssten E und M wirksam eine KG i.S.v. § 161 I HGB gegründet haben. Zweck der Gesellschaft ist die Verarbeitung und der Vertrieb von Joghurtbechern. Sie ist damit auf den Betrieb eines Handelsgewerbes gerichtet. E und M haben im Innenverhältnis eine KG gegründet.

Mit der Eintragung im Handelsregister ist die KG gem. §§ 161 II, 123 I HGB auch im Außenverhältnis wirksam geworden.

Fraglich ist jedoch, ob G die ihm von der KG geschuldeten 4.500 Euro von M als Kommanditist verlangen kann. Im Gegensatz zu E haftet M als Kommanditist gem. § 161 I HGB nur beschränkt.

Zur Beantwortung der Frage, ob M als Kommanditist (aber wirtschaftlicher Alleininhaber) eine vermögenslose Person als Komplementär vorschieben kann, gibt es unterschiedliche Ansichten.

Eine Ansicht lehnt dies mit der Begründung ab, dass es gegen den gesetzlichen Grundsatz der Einheitlichkeit von Unternehmensleitung und persönlicher Haftung verstoße. Weiterhin wird in diesem Zusammenhang geltend gemacht, dass es einen Missbrauch der Rechtsform darstelle.

Dieser Ansicht wird zwar zugestanden, dass der Grundsatz der Einheitlichkeit von Unternehmensleitung und persönlicher Haftung vom Gesetz vorgesehen ist, jedoch stellt dieser keinen zwingenden wirtschaftverfassungsrechtlichen Grundsatz dar.

Von einem Rechtsmissbrauch kann hier auch nicht ausgegangen werden, da das Gesetz dem Kommanditisten selbst diese Gestaltungsmöglichkeit einräumt. Darüber hinaus setzt eine missbräuchliche Rechtsausübung voraus, dass sie sich formal im Rahmen der vom Gesetz gezogenen Grenzen hält und Ziele und Zwecke verfolgt werden, die diese Rechtsform nicht vorsieht oder aber die Täuschung des allgemeinen Rechtsverkehrs oder einzelner Personen bewirken.

Ein Gesellschafter genügt seiner Pflicht zur Unterrichtung der Öffentlichkeit, wenn er darlegt, ob er beschränkt oder unbeschränkt für die Geschäftsverbindlichkeiten haften werde. Dieser Verpflichtung ist M durch die Eintragung ins Handelsregister nachgekommen.

Schließlich fehlen bei der Kommanditgesellschaft zwingende Rechtsätze über Handlungsbefugnis und Haftung, wie sie bei der Gesellschaft mit beschränkter Haftung und der Aktiengesellschaft vorliegen.

Da die zweite Ansicht die überzeugenderen Argumente vorlegt und es ja gerade die Freiheit der Vertragsschließenden ist, den Zusammenhang zwischen Handlungsbefugnis und Haftung in gewissem Umfang nach den eigenen Bedürfnissen zu gestalten, ist dieser hier zu folgen.

M haftet somit den Gläubigern der KG unmittelbar bis zur Höhe seiner Haftsumme gem. § 171 Abs.1, 1.HS HGB.

Seine Haftung ist lediglich der Höhe nach begrenzt. Er haftet den Gläubigern persönlich und unmittelbar wie der Komplementär.

Dem könnte noch entgegenstehen, dass M die Einlage bereits geleistet hat. M hat seine Einlage i.H.v. 15.000 Euro bereits in das Vermögen der KG geleistet. Damit ist die Haftung gem. § 171 Abs. 1, 2. HS HGB ausgeschlossen.

G hat folglich keinen Anspruch gegen M auf Zahlung.

§§§§§§§§§§§§§

1. Was unterscheidet die KG im Wesentlichen von der oHG?

Bei der KG gibt es unterschiedliche Haftungsverhältnisse unter den Gesellschaftern.

2. Welche Arten von Gesellschaftern gibt es?

Komplementäre und Kommanditisten

3. Was sind Komplementäre?

Persönlich haftende Gesellschafter

4. Und wie haften Kommanditisten?

Sie haften nur bis zur Höhe ihrer Einlage.

5. Wodurch unterscheidet sich die Haftung des Komplementärs von der des Kommanditisten?

Die Haftung des Kommanditisten ist beschränkt. Er haftet den Gläubigern nur in Höhe seiner Einlage. Ist diese bereits geleistet, ist eine Haftung ausgeschlossen.

6. Was ist beim Ausschluss der Haftung des Kommanditisten zu beachten?

Die Gesellschaft muss bereits in das Handelsregister eingetragen sein, sonst haftet der Kommanditist unbeschränkt.

7. Welche Einschränkungen ergeben sich hinsichtlich der Kontrollrechte für den Kommanditisten?

Ihm stehen nicht die Kontrollrechte nach § 118 HGB zu.

8. Welche Auswirkungen hat der Tod eines Kommanditisten auf die Gesellschaft?

Die Gesellschaft wird gem. § 177 HGB mit dem oder den Erben fortgesetzt.

9. Und stirbt der letzte Kommanditist?

Dann wandelt sich die KG in eine oHG.

5. Kapitel
Die GmbH

Allgemeines

Definition

> **Die GmbH ist**
> - eine Handelsgesellschaft
> - mit eigener Rechtspersönlichkeit,
> - deren Gesellschafter mit Stammeinlagen
> - auf das in Geschäftsanteile zerlegte Stammkapital beteiligt sind,
> - ohne persönlich für die Verbindlichkeiten der Gesellschaft zu haften.

Die Tatbestandsmerkmale im einzelnen

Gemäß § 13 Abs.3 GmbHG ist die GmbH stets eine Handelsgesellschaft. Gemäß § 6 HGB ist sie damit sogenannter **Formkaufmann**.

Die Abgrenzung zum Kleingewerbetreibenden ist daher nicht vorzunehmen. Es bedarf also keiner Prüfung, ob die GmbH einen entsprechend großen Geschäftsbetrieb aufweist oder nicht.

§ 13 Abs.1 GmbHG umschreibt die GmbH als **juristische Person**.

Gemäß § 1 GmbHG kann die GmbH zu jedem beliebigen Zweck errichtet werden, d.h. es muss kein Handelsgewerbe i.S.d. §§ 1 ff. HGB betrieben werden.

Durch spezielle gesetzliche Regelungen ist der Betrieb als GmbH in bestimmten Bereichen untersagt, z.B. in der Versicherungswirtschaft und bei Hypothekenbanken.

Die ansonsten freie Gestaltung des Geschäftszwecks macht die GmbH zur beliebtesten Gesellschaftsform bei Neugründungen. Dies ist nicht nur für den privaten, sondern auch für den staatlichen Bereich der Fall, da Aufgaben im Wege der Privatisierung oder der Eigenbetriebe (Kommunalwirtschaft) daher stets als GmbH betrieben werden können.

> *Bsp.:* Energie- und Versorgungsbetriebe, Betriebe der Abfallwirtschaft, Verkehrsbetriebe, Theater usw.

Die GmbH besitzt **eine eigene Rechtspersönlichkeit.** Daraus folgt:

Die GmbH ist selbst Träger von Rechten und Pflichten

So kann sie Eigentum erwerben, klagen, verklagt werden und ist auch in steuerlicher Hinsicht rechtsfähig. Aus der eigenen Rechtspersönlichkeit folgt ferner, dass die GmbH ihrerseits Gesellschafterin an anderen Gesellschaften werden kann. Bekanntestes Beispiel ist die GmbH & Co. KG, bei der sich die GmbH als Komplementär an einer KG beteiligt (siehe unten 10. Kapitel).

MOMIG

Gesetz zur Modernisierung des GmbH-Rechts und zur Bekämpfung von Missbräuchen

Mit dem Gesetz zur Modernisierung des GmbH-Rechts und zur Bekämpfung von Missbräuchen (MOMiG), wurde das GmbHG ab **November 2008** grundlegend modernisiert und dereguliert. Hintergrund ist, dass die GmbH auch international wettbewerbsfähig sein soll. Kern der Reform ist, dass neu gegründete GmbHs trotz gegebener Haftungsbeschränkung kein Mindestkapital mehr benötigen. Im Gegenzug unterliegen diese sogenannten *Unternehmensgesellschaften* strengeren Veröffentlichungsregeln.

Konkurrenz hat die GmbH in den letzten Jahren in Deutschland durch die britische Form der *Limited* oder der französischen *SARL* bekommen, wenn diese auch zahlenmäßig noch weit hinter den GmbHs liegt.

So soll insbesondere die Gründung einer GmbH erleichtert, beschleunigt und verbilligt werden.

Zunächst war an die Schaffung einer neuen Rechtsform gedacht worden, um der `Limited` die Attraktivität zu nehmen. Durch den Entwurf einer *haftungsbeschränkten Unternehmerschaft* wird dieses Ziel mit erheblich weniger Regelungsaufwand angestrebt.

Dem GmbHG wird nunmehr als **Anlage 1** ein **Musterprotokoll** beigefügt, das eine formal weniger aufwändige Gründung ermöglichen soll.

Entgegen der ursprünglichen Planung bleibt es für die klassische GmbH bei einem Stammkapital von mindestens 25.000 Euro.

Weiterhin ist als EU-weite Alternative zur GmbH eine `Europa-GmbH` vorgesehen. Aber diesbezüglich befindet sich noch vieles im Fluss.

Zu den wichtigsten Änderungen siehe das 13.Kapitel zur MoMIG.

Die Gründung der GmbH

Beteiligte

An der Gründung können eine oder mehrere Personen beteiligt sein. Während früher mindestens zwei Personen für die Gründung der Gesellschaft gefordert wurden, ist heute geregelt, dass auch **eine Person allein** eine GmbH gründen kann, es handelt sich dann um eine **sogenannte Einmann-GmbH.**

Gesellschaftsvertrag

Zur Gründung der GmbH ist als wesentliches Element ein Gesellschaftsvertrag erforderlich, der auch **Satzung** genannt wird. Für die Einmann-GmbH ist ein solcher Vertrag naturgemäß nicht möglich, daher bedarf es dort einer entsprechenden **Errichtungserklärung.** Bei dem Gesellschaftsvertrag handelt es sich um einen allgemeinen Vertragsgrundsätzen folgenden Gesellschaftsvertrag, vgl. auch schon oben bei den anderen Gesellschaften.

Die Form des Gesellschaftsvertrages

Der Vertrag muss von allen Gesellschaftern unterschrieben und notariell beurkundet werden, § 2 GmbHG. Bei der Errichtung einer Einmann-GmbH ist die Erklärung des errichtenden Gesellschafters notariell zu beurkunden. Nach dem neu eingeführten § 2 Abs. 1a GmbHG ist es fortan auch möglich, in einem vereinfachten Verfahren das in Anlage 1 zum GmbHG abgedruckte Muster für die Gründung einer *Mini-GmbH* zu verwenden (siehe unten). Dann genügt es, die Unterschriften der Gesellschafter öffentlich beglaubigen zu lassen. Es dürfen dabei jedoch keine vom Gesetz abweichenden Bestimmungen getroffen werden.

Der Inhalt des Gesellschaftsvertrages

Anders als bei den anderen Gesellschaftsformen ist der Gesellschaftsvertrag hier gemäß § 3 GmbHG reglementiert, die Vertragsfreiheit insoweit also eingeschränkt. In dieser Vorschrift wird ein **Mindestinhalt** vorgeschrieben.

Danach muss im Gesellschaftsvertrag bezeichnet werden:

- die Höhe des Stammkapitals
- die Zahl und die Nennbeträge der Geschäftsanteile, die jeder Gesellschafter gegen Einlage auf das Stammkapital übernimmt
- der Gegenstand des Unternehmens
- die Firma des Unternehmens und
- der Sitz des Unternehmens

 Zu den Besonderheiten der Gründung einer sog. Mini-GmbH (Unternehmergesellschaft) siehe das 13. Kapitel.

Im Falle einer sogenannten **Sachgründung**, wenn also die Stammeinlagen zum Teil oder ganz in der Einbringung von Sachwerten bestehen, muss zusätzlich der **Gegenstand** und der **Wert der Sacheinlage** dargelegt werden. Weitere Anforderungen ergeben sich in den besonderen Fällen des § 3 Abs.2 GmbHG.

Das **Stammkapital der GmbH** muss gem. § 5 Abs.1 GmbHG derzeit **mindestens 25.000 Euro** betragen.

Die Höhe der Nennbeträge kann unterschiedlich hoch für die verschiedenen Gesellschafter ausgewiesen werden. Die Stammeinlage kann auch in Sachwerten erbracht werden. Die Summe der Nennbeträge aller Geschäftsanteile muss mit dem Stammkapital übereinstimmen.

Die Höhe des jeweiligen Nennbetrages bestimmt den **Geschäftsanteil** des jeweiligen Gesellschafters.

Die **Firma einer GmbH** kann sowohl eine **Personenfirma** (z.B. Meyer GmbH) als auch eine **Sachfirma** (z.B. Spardose Steuerberatungsgesellschaft mbH) sein.

Erforderlich ist jedoch immer der Zusatz mit beschränkter Haftung oder abgekürzt *mbH*.

Wird eine Gesellschaft gegründet, bei der das Stammkapital den Mindestbetrag nach § 5 Abs.1 GmbHG unterschreitet, muss die Firma abweichend von § 4 GmbHG die Bezeichnung „Unternehmergesellschaft (haftungsbeschränkt)" oder „UG (haftungsbeschränkt)" führen, § 5 a GmbHG.

Der gesamte Gründungsvorgang einer GmbH zerfällt zeitlich und inhaltlich in zwei verschiedene Abschnitte, die **Errichtung** und die **Entstehung** der GmbH.

Die Errichtung der GmbH

Die GmbH ist mit

- Abschluss des Gesellschaftsvertrages und
- der notariellen Beurkundung des Vertrages

errichtet.
(Ausnahme: § 2 Abs.1 a GmbHG)

Die Entstehung der GmbH

Die Entstehung der GmbH setzt zusätzlich zur Errichtung
die Eintragung in das Handelsregister voraus, § 11 Abs.1 GmbHG

Damit hat diese Eintragung rechtsbegründende (konstitutive) Bedeutung. **Vor der Eintragung** ist durch die gründenden Gesellschafter für die Zeit ab Entstehung der Gesellschaft ein **Geschäftsführer zu benennen.**

Der Inhalt der Eintragung

Es sind zunächst die **Mindestanforderungen,** die oben für den Gesellschaftsvertrag genannt wurden, auch für die Eintragung maßgeblich. **Zusätzlich** muss das **Datum des Gesellschaftsvertrages** und die **Vertretungsbefugnis der Gesellschafter** eingetragen werden.

Voraussetzung für die Eintragung ist, außer dem Vorliegen des **notariell beurkundeten Gesellschaftsvertrages** und der vorgenannten Angaben, dass **mindestens 25% des Nennbetrages auf jeden Geschäftsanteil eingezahlt** sind. Die Summe der Einzahlung muss mindestens 5.000 Euro erreicht haben, die sogenannte **Mindesteinzahlung** gemäß § 7 GmbHG.

Bei einer Unternehmensgesellschaft muss vor Eintragung jedoch das Stammkapital in voller Höhe eingezahlt werden § 5a Abs.2 GmbHG.

Bei Sacheinlagen ist dem eintragenden Registergericht gemäß § 8 Abs.1 Nr.4 GmbHG **zusätzlich ein Sachgründungbericht** vorzulegen. Dieser muss die Darlegung der Angemessenheit der Sachleistung erkennen lassen. Ist das Gericht der Überzeugung, dass die Sacheinlage nicht unwesentlich überbewertet ist, hat es gemäß § 9c GmbHG die Eintragung abzulehnen.

Im Übrigen prüft das Registergericht neben den formalen Angaben im Gesellschafts-vertrag und der Anmeldung (siehe oben) auch, ob der Gesellschaftsvertrag gegen die §§ 134, 138 BGB verstößt. Ansonsten wird keine gründliche und zum Teil umständliche Prüfung wie bei der Gründung einer Aktiengesellschaft vorgenommen.

Bestehen keine Bedenken, erfolgt die Eintragung mit dem in § 10 GmbHG festgelegten Inhalt und Bekanntmachung nach § 10 HGB.

Die Gründungsgesellschaft

Da die GmbH erst mit Eintragung rechtlich zu existieren beginnt, besteht bis zu ihrer Entstehung keine GmbH als solche. Es existiert jedoch bereits eine vertragliche Bindung der Gesellschafter in Form des Gesellschaftsvertrages. Daher besteht schon vor Entstehung der GmbH - also im Zeitraum zwischen Abschluss des Gesellschaftsvertrages (der Errichtung) und der Entstehung der GmbH (der Eintragung) - eine Gesellschaft. Diese ist bei der Vornahme von Handelsgeschäften eine oHG, ansonsten eine GbR. Man nennt diese Gesellschaft auch **Vor- GmbH** oder **Gründungsgesellschaft**.

Die GmbH ist mit Abschluss des Gesellschaftsvertrages errichtet.
Mit Errichtung entsteht die Gründungsgesellschaft.
Die GmbH ist erst mit Eintrag in das Handelsregister entstanden.

Wenn während dieser Zeit der Vorgesellschaft schon Geschäfte aus dem Geschäfts-betrieb der GmbH getätigt werden, haften insoweit die Gesellschafter zunächst nach den allgemeinen Regeln der GbR oder oHG.

Bei der Gründungsgesellschaft
haften die Gesellschafter
persönlich unbeschränkt.

Allerdings wird die **Haftung** dahingehend **eingeschränkt**, dass sie nur insoweit persönlich haften, als sie die Einlage nicht schon erbracht haben. Jedoch haften sie auch dann nur bis zur Höhe ihrer von ihnen nach dem Gesellschaftsvertrag geforderten Einlage. Damit ist die Haftung der Gesellschafter bei einer Vor-GmbH letztendlich in gleicher Weise beschränkt wie später bei der GmbH. Sie haften stets nur im Umfang ihrer Einlage.

Von dieser Vor-GmbH ist die sogenannte **Vorgründungsgesellschaft** zu unterscheiden. Diese kann bereits vor Abschluss des Gesellschaftsvertrages entstehen, wenn die Gesellschafter zuvor vereinbaren, einen gemeinschaftlichen Zweck zu verfolgen. Bei dieser Gesellschaft handelt es sich üblicherweise um eine GbR.

> **Die Vorgründungsgesellschaft ist eine vor Errichtung der GmbH gegründete Gesellschaft.**

Beachten Sie jedoch: Soweit diese Gesellschaft die Gründung der GmbH zum Zweck hat, ist die Gründung der Gesellschaft gemäß § 2 GmbHG **formbedürftig!** Sie bedarf der notariellen Form. Auch gilt hier die Ausnahme des § 2 Abs.1a GmbHG!

Während die Gründungsgesellschaft später in die GmbH unmittelbar übergeht, die GmbH also deren Rechtsnachfolgerin wird, soll die Vorgründungsgesellschaft mit der späteren Gründungsgesellschaft bzw. der GmbH nichts zu tun haben. Daraus folgt für die Haftung, dass die **Gesellschafter der Vorgründungsgesellschaft** stets in vollem Umfang und **unbeschränkt persönlich mit ihrem gesamten Vermögen haften.**

Während bei der Gründungsgesellschaft die durch sie hervorgerufenen Verbindlichkeiten automatisch auf die spätere GmbH als deren Rechtsnachfolgerin übergehen, ist dies bei der **Vor**gründungsgesellschaft nicht der Fall. Allerdings findet sich häufig in Gesellschaftsverträgen eine entsprechende Klausel, dass die spätere GmbH auch die Verbindlichkeiten einer solchen Vorgründungsgesellschaft mit übernimmt.

Unabhängig davon haften die für die Vorgründungsgesellschaft handelnden Personen persönlich in vollem Umfang unbeschränkt aus ihrem Handeln aus §§ 311 Abs.2, 241 Abs.2, 280 Abs.1 BGB! (früher positive Forderungsverletzung, cic) oder sonstigen Schadensersatznormen.

Beachten Sie: Die Vorschriften des GmbHG sind nicht auf die Vorgründungsgesellschaft anwendbar!

Zusammenfassend entsteht die GmbH in drei Schritten:

> **1. Schritt: Gründungsbeschluss**
> ⟹ **Vorgründungsgesellschaft**
> **2. Schritt: Gesellschaftsvertrag**
> ⟹ **Vor-GmbH**
> **3. Schritt: Eintragung in das Handelsregister**
> ⟹ **GmbH**

Die Organe der GmbH

Die Organe der GmbH sind:

Der oder die **Geschäftsführer,**
die **Gesellschafterversammlung**
und ggf. ein **Aufsichtsrat**

Der Geschäftsführer

Der Geschäftsführer leitet die Gesellschaft und vertritt sie, § 35 GmbHG. Geschäftsführer kann **jede natürliche, unbeschränkt geschäftsfähige Person** sein, § 6 Abs. 2 GmbHG. Der Geschäftsführer muss nicht notwendigerweise, kann jedoch Gesellschafter der GmbH sein.

Außer für die Zeit nach der Gründung der GmbH werden die Geschäftsführer fortan von der Gesellschafterversammlung bestellt und abberufen. Im Handelsregister werden die Personen der Geschäftsführer und deren Vertretungsbefugnis eingetragen.

Weiterhin ist auch nach § 6 GmbHG die **Bestellung** des oder der Gesellschafter durch Bestimmung der Gesellschafter i.S.v. § 46 Nr.5 GmbHG (Gesellschafterbeschluss) möglich.

Durch einen solchen Beschluss ist gemäß § 38 GmbHG jederzeit auch die **Abberufung** möglich.

Geschäftsführer einer GmbH sind sowohl zur **Vertretung nach außen**, sowie zur **Geschäftsführung nach innen** befugt (siehe § 35 GmbHG).

Hat eine Gesellschaft keinen Geschäftsführer (Führungslosigkeit), wird die Gesellschaft für den Fall, dass ihr gegenüber Willenserklärungen abgegeben oder Schriftstücke zugestellt werden, durch die Mitglieder des Aufsichtsrates (§ 52 GmbHG) oder, wenn kein Aufsichtsrat bestellt ist, durch die Gesellschafter vertreten, § 35 Abs.1 S.2 GmbHG.

Die Gesellschafterversammlung

Die Gesellschafterversammlung ist das **oberste Organ der GmbH**. Sie besteht aus der **Gesamtheit aller Gesellschafter**. Sie wird durch die Geschäftsführer gemäß §§ 49, 51 GmbHG durch eingeschriebenen Brief einberufen. Es ist jedoch auch möglich, statt der Versammlung in einem schriftlichen Verfahren die notwendigen Beschlüsse zu fassen, falls sich alle Gesellschafter mit diesem Verfahren einverstanden erklärt haben.

Die Rechte der Gesellschafterversammlung ergeben sich zunächst aus der Satzung, ansonsten gilt ergänzend § 46 GmbHG.

Die wesentlichen Kompetenzen sind:

- **Feststellung der Jahresbilanz**
- **Feststellung der Gewinnverwendung**
- **Einforderung von Einzahlungen auf die Stammeinlagen**
- **Rückzahlung von Nachschüssen**
- **Bestellung, Entlastung und Abberufung von Geschäftsführern**
- **Bestellung von Prokuristen und Handlungsbevollmächtigten**

Alle **Beschlüsse der Gesellschafterversammlung** werden grundsätzlich mit der **Mehrheit der abgegebenen Stimmen** gefasst. Lediglich **Satzungsänderungen** bedürfen einer **Dreiviertelmehrheit**, wobei auf die abgegebenen Stimmen abgestellt wird, § 53 Abs.2 S.1 GmbHG. Der Beschluss muss notariell beurkundet werden. Jeder **Euro eines Geschäftsanteils gewährt eine Stimme**, § 47 Abs. 2 GmbHG.

Anstelle der notariellen Beurkundung reicht eine von dem Geschäftsführer unterzeichnete Niederschrift aus, wenn der Beschluss bei einem Gesellschaftsvertrag im Sinne des § 2 Abs.1 a GmbHG die Änderung der Firma oder der Höhe des Stammkapitals ohne Sacheinlagen, die Verlegung des Sitzes oder die Auswahl eines anderen Unternehmensgegenstandes aus dem in Anlage 1 zum GmbHG bestimmten Musters zum Gegenstand hat und an der Gesellschaft nicht mehr als drei Gesellschafter beteiligt sind.

Der Aufsichtsrat

Schließlich ist die Bestellung eines Aufsichtsrates als weiteres Organ der GmbH denkbar. Dies kann zum einen die **Satzung** vorsehen, zum anderen gibt es **gesetzliche Regeln**, wann zwingend ein Aufsichtsrat auch für eine GmbH bestellt werden muss. Solche Regeln finden sich in § 1 Drittelbeteiligungsgesetz (vormals Betriebsverfassungsgesetz 1952) und in § 1 Mitbestimmungsgesetz.

Nach dem BetrVerfG ist bei mehr als 500 regelmäßigen Arbeitnehmern, nach dem MitbestG ist bei mehr als 2000 Arbeitnehmern ein Aufsichtsrat zu bilden.

Die Bestellung, die Rechte und Pflichten sowie die Zusammensetzung des Aufsichtsrats entsprechen der Regelung im Aktienrecht (siehe dort).

Bei einem **Großbetrieb** (2.000 und mehr Arbeitnehmer) ist die **Besetzung des Aufsichtsrates paritätisch**, d.h. zur Hälfte besteht sie aus Arbeitnehmern und zur Hälfte aus Gesellschaftervertretern, für **mittlere GmbHs** stellen die Arbeitnehmer **ein Drittel der Mitglieder des Aufsichtsrates**.

Die Übertragung von Geschäftsanteilen

Anders als bei den Personengesellschaften ist eine Übertragung von Geschäftsanteilen bei einer GmbH grundsätzlich und **ohne Probleme möglich**. Dies folgt aus der **kapitalistischen Struktur** im Gegensatz zur personalen Struktur einer Personengesellschaft. Die Geschäftsanteile können sowohl durch Rechtsgeschäft unter Lebenden als auch durch Erbfall übergehen. Die Veräußerung erfolgt durch notariellen Vertrag. Es können auch Teile von Geschäftsanteilen veräußert werden. Erwirbt jemand mehrere Geschäftsanteile, so bleiben diese dennoch für sich selbständig und werden nicht zusammengezählt.

Haftungsfragen

Bei der Haftung ist zwischen der **Außenhaftung** und der **Innenhaftung** zu unterscheiden.

Für die **Außenhaftung** gilt, dass nur die **Gesellschaft mit ihrem Gesellschaftsvermögen** haftet § 13 Abs.2 GmbHG. Die Gesellschafter haften ihrerseits nur im Rahmen der Gründungs- und Vorgründungsgesellschaften. Wirtschaftlich betrachtet haftet der Gesellschafter lediglich mit seiner Stammeinlage, die schlimmstenfalls verloren gehen kann.

Bei der **Innenhaftung** gibt es zunächst die sog. **Gründungshaftung**. Gemäß § 9a GmbHG entsteht bei Pflichtverletzungen der Gesellschafter gegenüber der Gesellschaft ein Schadensersatzanspruch der Gesellschaft gegen den Gesellschafter. Insbesondere haften die Gesellschafter wegen falscher Angaben und Schädigung durch Einlagen oder Gründungsaufwand.

Diese Haftung ist gemäß § 9a Abs.3 GmbHG als **vermutete Verschuldenshaftung** ausgestaltet, d.h. der betreffende Gesellschafter hat die Möglichkeit sich durch sog. Entlastungsbeweis von der Haftung zu befreien. Außer in Fällen der Gründungshaftung haften Gesellschafter ihrerseits nicht. Die Geschäftsführer der GmbH haften für Pflichtverletzungen bei ihrer Tätigkeit nach § 43 GmbHG.

Der Jahresabschluss

Der Jahresabschluss umfasst

> - die **Bilanzaufstellung**,
> - die **Aufstellung einer Gewinn- und Verlustrechnung**
> - und die **Erstellung eines Anhangs zur Bilanz.**

Zusätzlich ist vom Geschäftsführer ein **Lagebericht** zu fertigen, der aber rechtlich nicht zum Jahresabschluss zählt.

Da die GmbH als Formkaufmann **stets buchführungspflichtig** ist, muss sie gemäß § 242 HGB stets einen Jahresabschluss erstellen. **Bei Beginn der Tätigkeit** der GmbH ist zusätzlich eine **Eröffnungsbilanz** zu fertigen.

Für den Jahresabschluss sind folgende Grundsätze zu beachten:

- Klarheit und Übersichtlichkeit, § 243 Abs.1, 2 HGB
- Aufstellungszeitraum, §§ 243, 264 Abs.1 HGB
- Sprache und Währung, § 244 HGB
- Unterzeichnung, § 245 HGB
- Beachtung des Bilanzschemas nach § 266 HGB
  für große und mittelgroße GmbHs

Ferner sind die Grundsätze der §§ 268, 269, 272 und 273 HGB zu wahren.

Kleine GmbHs können vom Schema des § 266 HGB abweichen, soweit diese Vorschrift dies vorsieht.

Der Jahresabschluss wird sodann von der Gesellschafterversammlung festgestellt und die Verwendung des Ergebnisses beschlossen

Der Gewinn (bzw. Verlust) wird **nach den Geschäftsanteilen verteilt.** Abweichende Regelungen können jedoch durch den Gesellschaftsvertrag vorgesehen werden.

Der Abschluss muss grundsätzlich von einem Wirtschaftsprüfer geprüft werden. Bei kleinen GmbHs kann dies auch durch einen vereidigten Buchprüfer geschehen.

Die Auflösung der GmbH

In § 60 Abs.1 GmbHG (lesen!) sind die Gründe dargestellt, die zur Auflösung einer GmbH führen.

Die geschieht insbesondere durch

- Ablauf der im Vertrag bestimmten Zeit
- Beschluss der Gesellschafter (3/4-Mehrheit)
- richterliches Gestaltungsurteil
- Eröffnung des Insolvenzverfahrens
- rechtskräftigen Beschluss über die Ablehnung der
  Eröffnung des Insolvenzverfahrens mangels Masse
- rechtskräftige Verfügung des Registergerichts
- Löschung der Gesellschaft im Handelsregister wegen Vermögenslosigkeit

Im Gesellschaftsvertrag können noch weitere Gründe bestimmt werden, die zur Auflösung der Gesellschaft führen sollen.

Durch die Auflösung ist die Gesellschaft noch nicht beendet. Sie muss gem. § 66 GmbHG noch im Wege der Liquidation abgewickelt werden.

Fall 6:

Im nordöstlichsten Zipfel Deutschlands betreibt X in Greifswald ein bescheidenes Unternehmen.

Mit dem vermögenden Y beschließt er im Mai 2015, die „XY-GmbH" zu gründen.

Sie wollen ab dem 01.08.2015 die Gesellschaft gemeinschaftlich betreiben, wobei X jedoch alleiniger Geschäftsführer sein soll. Im Einvernehmen mit Y betreibt X sein Unternehmen weiter und bezieht am 17. Juli einen Kopierer für 5.000 EUR vom Händler H im Namen der „XY-GmbH i.G.".

Nach der notariellen Beurkundung am 03.08.2015 und der Eintragung im Handelsregister am 12.08.2015 verlangt H Zahlung.

Hat H gegen X und Y einen Anspruch auf Zahlung des Kaufpreises?

Lösungsvorschlag

H könnte gegen X und Y (als Gesamtschuldner) einen Zahlungsanspruch i.H.v. 5.000 EUR aus §§ 433 Abs.2 BGB, 124 Abs.1, 128 HGB haben.

Das setzt zunächst voraus, dass es sich bei der „XY-GmbH i.G." um eine oHG handelt und X und Y nach § 128 HGB für deren Verbindlichkeiten haften. Die „XY-GmbH i.G." müsste somit als oHG nach außen wirksam entstanden sein.

Eine oHG entsteht grundsätzlich mit Abschluss des Gesellschaftsvertrages nach §§ 105 Abs.1 HGB, 705 BGB. X und Y haben einvernehmlich die Fortführung des Unternehmens unter der Firma „XY-GmbH i.G." beschlossen. Ihre Einigung war aber nicht auf die Gründung einer oHG, sondern auf die einer GmbH gerichtet. Das eigentliche Ziel bestand somit gerade im Ausschluss persönlicher Haftung.

Für die Verbindlichkeiten sollte nach § 13 Abs.2 GmbHG nur mit dem Gesellschaftsvermögen gehaftet werden.

Zu beachten ist hier jedoch, dass bei Abschluss des Kaufvertrages kein notariell beglaubigter Gesellschaftsvertrag nach § 2 Abs.1 GmbHG vorlag.

Weiterhin war die GmbH noch nicht, wie es § 7 Abs.1 GmbHG vorsieht, in das Handelsregister eingetragen worden. Es bestand damit eine sog. Vorgründungsgesellschaft. Gem. § 11 Abs.2 GmbHG bestehen vor der Eintragung keine Haftungseinschränkungen. Die Gesellschafter haften vielmehr persönlich und solidarisch.

Bei der „XY-GmbH i.G." handelte es sich folglich bei Abschluss des Kaufvertrages um eine oHG. Die oHG führte ihre Geschäfte vor Eintragung in das Handelsregister aus. Sie hat damit auch Außenwirkung gegenüber Dritten erlangt (§ 123 Abs.2 HGB).

Die „XY-GmbH i.G." müsste zur Zahlung der 5.000 EUR aus § 433 Abs.2 BGB verpflichtet sein. Die Fähigkeit einen Kaufvertrag abzuschließen ergibt sich für die „XY-GmbH i.G." aus § 124 Abs.1 HGB. Danach kann eine oHG unter ihrer Firma Verbindlichkeiten eingehen.

Fraglich ist hier, ob X die Gesellschaft wirksam nach § 164 Abs.1 S.1 BGB vertreten hat.
X hat ausdrücklich im Namen der Gesellschaft eine eigene Willenserklärung abgegeben.

Er müsste weiterhin mit Vertretungsmacht gehandelt haben. Zum Zeitpunkt des Kaufvertragabschlusses handelte es sich bei der Gesellschaft um eine oHG. X war also nach §§ 125 Abs.1, 126 Abs.1 HGB zur Vertretung berechtigt. Mithin hat X die Gesellschaft wirksam nach § 164 Abs.1 S.1 BGB vertreten.

Der Haftung nach § 128 S.1 HGB könnte noch entgegenstehen, dass die „XY-GmbH" mittlerweile notariell beurkundet und in das Handelsregister eingetragen wurde.

Zu beachten ist aber, dass es sich bei der „XY-GmbH i.G." um eine Vorgründungs-gesellschaft handelte und nicht um eine Vor-GmbH. Die Vorgründungsgesellschaft soll aber gerade mit der späteren Gründungsgesellschaft bzw. der GmbH nichts zu tun haben. Die Gesellschafter der Vorgründungsgesellschaft sollen folglich weiterhin unbeschränkt persönlich mit ihrem gesamten Vermögen haften.

H hat somit gegen X und Y einen Anspruch auf Zahlung von 5.000 EUR aus §§ 433 Abs.2, 124 Abs.1, 128 HGB.

§§§§§§§§§§§§§§§§§§§§§§§§§

1. Wie definiert sich die GmbH?

Handelsgesellschaft mit eigener Rechtspersönlichkeit, deren Gesellschafter mit Geschäftanteilen am Stammkapital beteiligt sind, ohne persönlich zu haften.

2. Kommt es bei der GmbH auf die Größe des Geschäftsbetriebes an?

Nein, da sie gem. § 13 Abs.3 GmbHG Handelsgesellschaft und damit Formkaufmann ist.

3. Muss die GmbH ein Handelsgewerbe betreiben?

Nein, sie kann zu jedem beliebigen Zweck errichtet werden.

4. In welchen Bereichen gibt es hierbei Einschränkungen?

In der Versicherungswirtschaft und bei Hypothekenbanken

5. Was muss der Gesellschaftsvertrag mindestens beinhalten?

Höhe des Stammkapitals, Höhe des jeweiligen Nennbetrages des Geschäftsanteiles, Gegenstand des Unternehmens, die Firma und deren Sitz.

6. Kann ein Einzelner eine GmbH gründen?

Ja, eine sog. Einmann-GmbH

7. Wonach bemisst sich der Geschäftsanteil der Gesellschafter?

Der Geschäftsanteil bemisst sich nach der Höhe des Nennbetrages, den jeder Gesellschafter auf seinen Geschäftsanteil eingezahlt hat. Dieser kann unter den Gesellschaftern variieren.

8. Was bedeuten die zwei Gründungsabschnitte Errichtung und Entstehung?

Mit Abschluss des Vertrages und der notariellen Beurkundung ist der Vertrag errichtet. Entstanden ist die GmbH erst mit dem Eintrag im Handelsregister.

9. Was ist eine Sachgründung?

Hier bestehen die Stammeinlagen ganz oder zum Teil aus Sachwerten.

10. Wie bezeichnet man eine GmbH, wenn sie *noch* nicht im Handelsregister eingetragen wurde?

Als Vor-GmbH oder Gründungsgesellschaft

11. Welches sind die Organe der GmbH?

- Der oder die Geschäftsführer,

- die Gesellschafterversammlung und

- ggf. der Aufsichtsrat

12. Ist die Bestellung des Aufsichtsrates zwingend?

Nein, sie kann aber durch die Satzung vorgesehen werden oder auch gesetzlich geregelt sein.

13. Wo finden sich gesetzliche Regelungen über die Bestellung eines Aufsichtsrates?

§ 1 DrittelbG, § 1 MitbestG.

14. Welches Organ stellt die Jahresbilanz und die Gewinnverwendung fest?

Die Gesellschafterversammlung

15. Wann liegt ein Großbetrieb vor?

Bei 2.000 und mehr Arbeitnehmern

16. Weshalb ist eine Übertragung der Geschäftsanteile bei der GmbH ohne Weiteres möglich?

Die GmbH weist eine kapitalistische Struktur auf, d.h., Geschäftsanteile können problemlos durch Rechtsgeschäft oder durch Erbfall übergehen.

17. Welche Arten von Haftung gibt es bei der GmbH?

Innenhaftung und Außenhaftung

18. Was bedeutet Gründungshaftung?

Bei Pflichtverletzungen hat die Gesellschaft einen Anspruch auf Schadensersatz gegen den Gesellschafter.

19. Was bedeutet vermutete Verschuldenshaftung?

Sie gehört zur Innenhaftung und besagt, dass ein Gesellschafter sich ggf. durch Entlastungsbeweis von einer Haftung befreien kann.

20. Was bedeutet Liquidation?

Die Liquidation umfasst das gesamte Abwicklungsstadium (Befriedigung der Gläubiger, Aufteilung des verbliebenen Vermögens unter den Gesellschaftern etc. §§ 729 – 740 BGB).

6. Kapitel

Die Aktiengesellschaft

Allgemeines

Definition:

Die Aktiengesellschaft ist
- eine Handelsgesellschaft
- mit eigener Rechtspersönlichkeit
- deren Gesellschafter (Aktionäre) mit Einlagen an dem in Aktien zerlegten Grundkapital beteiligt sind,
- ohne persönlich für die Verbindlichkeiten der Gesellschaft zu haften.

Gemäß § 1 Abs.1 Aktiengesetz (AktG) ist die AG eine Gesellschaft mit eigener Rechtspersönlichkeit, folglich eine **juristische Person**.

Weiterhin bestimmt § 3 AktG, dass die AG als **Handelsgesellschaft gilt**, auch wenn der Gegenstand des Unternehmens dem nicht entspricht.

Sie ist damit **Formkaufmann i.S.v. § 6 HGB**. Da sie eine eigene Rechtspersönlichkeit besitzt ist sie selbst Träger von Rechten und Pflichten, vgl. dazu die Ausführungen zur GmbH.

Die Grundlage für die rechtlichen Ausgestaltungen und Beziehungen der Aktiengesellschaft ist das **Aktiengesetz**.

Die AG als Rechtsform wird meist dann gewählt, wenn man große Kapitalbeträge benötigt, die man von einer Vielzahl von Beteiligten (=Aktionäre =Gesellschafter) zusammenträgt. Man spricht daher auch davon, dass es sich bei den meisten Aktiengesellschaften um **Publikumsgesellschaften** handele. Es gibt aber auch Aktiengesellschaften, bei denen sich sämtliche Aktien in Familienbesitz befinden **(Familiengesellschaft)** oder gar nur von einem einzelnen Gesellschafter gehalten werden **(Einmann-AG)**. Wird der Aktienbesitz von einer Mehrheit gehalten, spricht man von einer **majorisierten Aktiengesellschaft**.

Die Gründung der AG

Das Verfahren ist erheblich aufwendiger, als bei der GmbH. Es ist in den § 23 ff. AktG genau festgeschrieben.

Man unterscheidet die **einfache** und die **qualifizierte Gründung**.

Die einfache Gründung

Die Gründung setzt auch hier den Abschluss eines Gesellschaftsvertrages, der **Satzung** genannt wird, voraus, § 2 AktG. Diese Satzung bedarf gem. § 23 AktG der notariellen Beurkundung. Der Abschluss des Gesellschaftsvertrages, **Feststellung der Satzung** genannt, erfolgt durch die Gründer der Aktiengesellschaft.

Für eine solche Gründung bedarf es einer oder mehrerer Personen. Diese können sowohl natürliche wie juristische Personen sein, § 2 AktG.

Der Gesellschaftsvertrag, also die Satzung, muss mindestens folgende Punkte inhaltlich regeln:

> - **gem. § 4 AktG die Firma der AG**
> - **gem. § 5 AktG deren Sitz**
> - **den Unternehmensgegenstand**
> - **die Höhe des Grundkapitals**

Die Firma der AG ist regelmäßig (jedoch nicht zwingend) eine Sachfirma.

Der Sitz liegt typischerweise am Ort des Betriebes, kann jedoch auch am Ort der Verwaltung oder der Geschäftsleitung der AG liegen.

Der Unternehmensgegenstand ist genau zu bezeichnen.

Die Höhe des Grundkapitals beträgt gem. § 7 AktG mindestens 50.000 Euro. In der Satzung können Regelungen ansonsten nur innerhalb der engen Grenzen des Aktiengesetzes festgelegt werden, da die **Vorschriften des Aktiengesetzes überwiegend zwingender Natur** sind.

Nach dem Abschluss des Gesellschaftsvertrages ist das Grundkapital aufzubringen. Dazu müssen die Gründer zunächst alle Aktien übernehmen (§ 29 AktG).

Dies bedeutet, dass sie sich zumindest verpflichten müssen, das Grundkapital zu zahlen.

Tatsächlich zahlen müssen sie es in diesem Zeitpunkt jedoch noch nicht.

Ist das Grundkapital durch Übernahme i.S.d. § 29 AktG erbracht, ist die AG errichtet. Sie ist damit jedoch noch nicht entstanden!

Nach der Errichtung der AG sind zunächst die Organe zu bestellen. Gem. § 30 AktG haben die Gründer den ersten **Aufsichtsrat** der AG und die Abschlussprüfer für das erste Wirtschaftsjahr zu bestellen. Der so bestellte Aufsichtsrat bestellt dann seinerseits den ersten **Vorstand**.

Sodann ist gem. § 36 Abs. 2 AktG auf jede Aktie der eingeforderte Betrag ordnungsgemäß einzuzahlen.

Der **Mindestnennbetrag** einer Aktie beträgt einen Euro. Höhere Aktiennennbeträge müssen auf volle Euro lauten.

> *Bsp.: Aktien mit einem Nennbetrag von 0,80 Euro oder 1,80 Euro sind gem. § 8 Abs.2 S.2 AktG nichtig.*

Die Aktionäre haben bei ihrer Einzahlung mindestens den **Nennbetrag** oder aber den höheren **Ausgabebetrag** der Aktien einzuzahlen. Eine Ausgabe unter dem Nennbetrag der Aktien ist nach § 54 AktG unzulässig.

Die Gründer sind dann verpflichtet, einen schriftlichen Bericht, den sog. **Gründungsbericht** zu erstellen. Dieser soll Auskunft über den Hergang der Gründung vermitteln und ist nach § 32 AktG zu erstellen. Der Bericht bildet dann die Ausgangsbasis für die Gründungsprüfung durch die Mitglieder des Vorstandes und des Aufsichtsrates. Anschließend kann die Anmeldung zum Handelsregister erfolgen. Sie muss von sämtlichen Gründern, den Vorstands- und den Aufsichtsratsmitgliedern beim Registergericht des Sitzes der AG vorgenommen werden. Gem. § 36 und 37 AktG ist neben deren Satzung auch der vorgenannte Gründungsbericht der Anmeldung beizufügen.

Ist die Voraussetzung für eine Eintragung gegeben, wird die AG ins Handelsregister eingetragen und ist somit als juristische Person **entstanden**. Auch hier, wie bei der GmbH, hat die Eintragung also **rechtsbegründende** (also konstitutive) Wirkung.

Hinweis: Zur **qualifizierten Gründung** lesen Sie bitte §§ 26, 27 AktG.

Das Grundkapital

§ 23 Abs.3 Nr.3 AktG setzt voraus, dass in der Satzung einer Aktiengesellschaft die **Höhe des Grundkapitals** (mindestens 50.000 Euro) bestimmt wird. Diese muss seit dem 01.01.2002 gemäß § 6 AktG auf einen Nennbetrag in Euro lauten.

Dieses Grundkapital ist nicht identisch mit dem Gesellschaftsvermögen. Bei der Aktiengesellschaft haften die Gesellschafter (Aktionäre) nicht persönlich. Nach § 1 Abs.1 S.2 AktG haftet für Verbindlichkeiten der Gesellschaft nur das Gesellschaftsvermögen. Haftungsobjekt ist somit nur das Gesellschaftsvermögen, das je nach erfolg- oder verlustreicher Geschäftstätigkeit höher oder niedriger als das Grundkapital sein kann.

Das Grundkapital garantiert dadurch den Gläubigern der AG gewissermaßen einen Mindesthaftungsbetrag, wenn das Gesellschaftsvermögen unter 50.000 Euro liegt.

Kapitalerhöhung

Die **Höhe des Grundkapitals** kann lediglich durch Satzungsänderung verändert werden. Dabei gilt, dass die Aktionäre grundsätzlich nicht verpflichtet sind, einer Erhöhung zuzustimmen. Die gemäß § 182 AktG (lesen!) wirksam beschlossene Kapitalerhöhung wird durch Zeichnung der neuen Aktien (§ 185 AktG) ausgeführt und durch Eintragung im Handelsregister wirksam (§ 189 AktG).

Gemäß § 186 I AktG hat jeder Aktionär ein Bezugsrecht an dem Teil der neuen Aktien, der seinem Anteil an dem bisherigen Grundkapital entspricht.

Der Aktiengesellschaft stehen verschiedene Möglichkeiten der Kapitalbeschaffung offen:

- **Kapitalerhöhung gegen Einlagen**
- **Bedingte Kapitalerhöhung**
- **Genehmigtes Kapital**
- **Kapitalerhöhung aus Gesellschaftsmitteln**

Kapitalerhöhung gegen Einlagen

Bei der Kapitalerhöhung gegen Einlagen (oder reguläre Kapitalerhöhung) werden durch Satzungsänderung, aufgrund eines Hauptversammlungsbeschlusses, neue Aktien geschaffen und mindestens in Höhe ihres Nennwertes ausgegeben.

Bedingte Kapitalerhöhung

Die bedingte Kapitalerhöhung – geregelt in § 192 AktG – wird nur so weit durchgeführt, wie von einem Umtausch- oder Bezugsrecht Gebrauch gemacht wird, das die Gesellschaft auf die neuen Aktien einräumt.

Umtauschrecht bedeutet, dass der Gläubiger berechtigt ist, seinen Zahlungsanspruch durch Ausübung einer Ersetzungsbefugnis (siehe unten Wandelanleihen) in einen Anspruch auf Aktien umzuwandeln.

Beim **Bezugsrecht** tritt das Recht zum Erwerb neuer Aktien zum Zahlungsanspruch hinzu.

Die neuen Aktien, auf die sich das Umtausch- bzw. Bezugsrecht richtet nennt man **Bezugsaktien.**

Die Erfüllung der Umtausch- und Bezugsrechte durch Zeichnung eigener Aktien ist nach § 56 AktG ausgeschlossen. Sie werden insbesondere den Gläubigern von Wandel- oder Optionsanleihen eingeräumt.

Hinweis:

Wandelanleihen sind Schuldverschreibungen, aufgrund derer der Gläubiger seinen Anspruch auf Rückzahlung des Nennbetrages gegen eine bestimmte Anzahl Aktien eintauschen kann.

Optionsanleihen sind ähnlich den Wandelanleihen Schuldverschreibungen, die zur Kapitalbeschaffung ausgegeben werden und dem Kapitalgeber das Recht auf Rückzahlung des Nennbetrages nach Ablauf der Laufzeit sowie ein Recht auf Rückzahlung einräumen.

Genehmigtes Kapital

Beim genehmigten Kapital wird dem Vorstand ein gewisses Ermessen eingeräumt. Er wird ermächtigt, innerhalb der nächsten fünf Jahre das Grundkapital bis zu einem bestimmten Nennbetrag (genehmigtes Kapital) durch Ausgabe neuer Aktien gegen Einlagen zu erhöhen.

Somit wird die Entscheidung über die Durchführung von der Hauptversammlung auf den Vorstand verlagert. Die Hauptversammlung ist ein eher schwerfälliges Organ, dessen Einberufung verhältnismäßig lange dauert und regelmäßig mit höheren Kosten verbunden ist (näheres zur Hauptversammlung weiter unten).

Kapitalerhöhung aus Gesellschaftsmitteln

Zur Kapitalerhöhung aus Gesellschaftsmitteln (auch *nominelle* Kapitalerhöhung) kann die Hauptversammlung eine Erhöhung des Grundkapitals durch Umwandlung der Kapitalrücklage und von Gewinnrücklagen in Grundkapital beschließen (vgl. § 207 I AktG).

Es handelt sich dabei um die Bindung bereits vorhandenen Kapitals. Die neuen Aktien stehen den Aktionären gem. § 212 AktG im Verhältnis ihrer Anteile an dem bisherigen Grundkapital zu.

Kapitalherabsetzung

§ 57 AktG bestimmt, dass das Grundkapital nicht an die Aktionäre ausgeschüttet werden darf. Soll nun dennoch das so gebundene Gesellschaftsvermögen an die Aktionäre verteilt werden, muss die Grundkapitalhöhe herabgesetzt werden.

Eine Verringerung des Grundkapitals birgt für den Gläubiger jedoch immer die Gefahr einer Reduzierung des Vermögens, auf das er im Haftungsfall zugreifen könnte. Zum Schutz der Gläubiger ist daher § 225 AktG zu beachten.

Das Mindestgrundkapital von 50.000 Euro darf bei der Herabsetzung nicht unterschritten werden!

Wird eine Kapitalherabsetzung mit einer Kapitalerhöhung verbunden, um einerseits neue finanzielle Mittel zu erlangen und gleichzeitig unnötige Passivposten abzubauen, spricht man von **Sanierung**.

Die Aktie

Die Aktie hat dem Gesetz nach dreierlei Bedeutung. Sie ist

- ein Teil des Grundkapitals
- die Summe von Rechten und Pflichten des Aktionärs
- und die Urkunde, die seine Mitgliedschaft verbrieft

Die **Summe der Nennbeträge** aller Aktien muss dem Nennwert des Grundkapitals entsprechen. Der Wert einer Aktie kann aber auch über seinem Anteil am Grundkapital liegen, wenn auch das Gesellschaftsvermögen höher ist. Entsprechend kann er auch darunter liegen.

Die Mitgliedschaft an der Aktiengesellschaft, die in der Aktie verbrieft ist, gewährt dem Inhaber gewisse Rechte und Pflichten.

Gem. § 58 Abs.4 AktG hat der Aktionär einen Anspruch auf den Bilanzgewinn, die sog. **Dividende** und ggf. auf seinen Anteil am Vermögenserlös im Falle der Liquidation.

Weiterhin gewährt § 118 AktG den Aktionären, ihre Rechte in der Hauptversammlung auszuüben. Hierunter fällt zunächst das Recht auf Teilnahme an der Versammlung, dann das Stimmrecht, ein Widerspruchsrecht und das Auskunftsrecht. Man nennt diese Rechte auch **(Mit)Verwaltungsrechte.**

Dagegen haben die Aktionäre auch die Pflicht, ihre entsprechende Einlage zu leisten. Alle Aktien gewähren die gleichen Rechte **(Gleichbehandlungsgebot).**

Das schließt jedoch nicht aus, dass in der Satzung die Bildung verschiedener Aktiengattungen geregelt sein kann. Die unterschiedlichen Aktiengattungen können dann verschiedene Rechte gewähren.

Ein in der Praxis häufig zu findendes Beispiel hierfür sind die **sog. Vorzugsaktien** (§ 139 Abs.1 AktG). Deren Inhaber haben besondere Rechte. Sie werden bei der Auszahlung des Bilanzgewinns vorrangig berücksichtigt **(Vorzugsdividende)**, sind jedoch regelmäßig vom Stimmrecht ausgeschlossen.

Die Aktiengesellschaft ist verpflichtet, den Aktionären eine Urkunde über ihre Mitgliedschaft auszustellen.

Durch das Stückaktiengesetz vom 25. März 1998 ist § 8 AktG insgesamt neu gefasst worden. Vorher konnten Anteile an Aktiengesellschaften nur in Form von Nennbetragsaktien begründet werden. Neben den Nennbetragsaktien sind in der heutigen Fassung des § 8 AktG alternativ jetzt auch Stückaktien (als sog. nennwertlose Aktien) ausdrücklich aufgeführt.

Seither beträgt der Mindestnennwert einer Aktie auch nicht mehr fünf Deutsche Mark, sondern einen Euro.

Nennbetragsaktien stellen einen Teil des Grundkapitals der Gesellschaft dar. Daher muss die Summe sämtlicher Aktiennennbeträge mit dem Nennbetrag des Grundkapitals übereinstimmen.

Stückaktien verkörpern jeweils einen gleich großen Anteil des Grundkapitals der von einer Gesellschaft ausgegebenen Aktien.

Ändert sich die Anzahl der Aktien, muss in der Satzung die neue Aktienzahl bestimmt werden.

Gemäß § 23 Abs.3 Nr. 4 AktG muss die Satzung bestimmen, ob das Grundkapital in Nennbetrags- oder Stückaktien zerlegt wurde. Bei Nennbetragsaktien müssen deren Nennbeträge und die Zahl der Aktien jeden Nennbetrags, bei Stückaktien deren Zahl, außerdem, wenn mehrere Aktiengattungen bestehen, die Gattung der Aktien und die Zahl der Aktien jeder Gattung angegeben werden.

Die Organe der AG im Einzelnen

Die Organe der AG sind:

der Vorstand
der Aufsichtsrat
und die Hauptversammlung

Der Vorstand

Der Vorstand leitet unter eigener Verantwortung die Gesellschaft (§ 76 Abs.1 AktG). Er kann aus einer oder mehreren Personen bestehen. Bei einem Grundkapital von **mehr als drei Millionen Euro** hat er aus **mindestens zwei Personen** zu bestehen.

> **Beachten Sie:** Auch hier kommt es letztlich auf die Bestimmungen in der Satzung an! Darauf wird ausdrücklich in den Vorschriften über den Vorstand hingewiesen (siehe § 76 Abs.2 S.2, 2.HS AktG).

> **Aber:** Die Vorschriften über die Bestellung und Zusammensetzung der Organe sind nicht dispositiv!

Vorstandsmitglied kann nur eine natürliche, unbeschränkt geschäftsfähige Person sein. Juristische Personen können somit nicht dem Vorstand angehören.

Wer aufgrund einer Insolvenzstraftat (§§ 283 – 283d StGB) verurteilt worden ist, ist für die Dauer von fünf Jahren, seit Rechtskraft des Urteils, von der Vorstandsmitgliedschaft ausgeschlossen.

Ebenfalls ausgeschlossen ist, wem die Ausübung eines Berufes, Berufszweiges, Gewerbes oder Gewerbezweiges untersagt worden ist, wenn der Gegenstand des Verbotes mit dem Unternehmensgegenstand ganz oder teilweise übereinstimmt.

Bestellt wird der Vorstand gemäß § 84 Abs.1 AktG vom Aufsichtsrat auf höchstens **fünf Jahre**. Die Amtszeit kann aber durch Beschluss des Aufsichtsrates um jeweils höchstens fünf Jahre verlängert werden.

Nach § 84 Abs.3 AktG kann der Aufsichtsrat die **Bestellung widerrufen**, wenn ein wichtiger Grund vorliegt. Wichtige Gründe sind namentlich

grobe Pflichtverletzung,
Unfähigkeit zur ordnungsgemäßen Geschäftsführung
oder Vertrauensentzug durch die Hauptversammlung

Geschäftsführung und Vertretung

Der Vorstand leitet gemäß § 76 Abs.1 AktG die Gesellschaft. Er hat somit die **Geschäftsführungsbefugnis**.

Nach § 77 Abs.1 AktG sind bei mehreren Vorstandsmitgliedern nur **alle gemeinschaftlich** zur Geschäftsführung befugt, solange in der Satzung nichts Abweichendes festlegt wurde.

Der Vorstand **vertritt die Gesellschaft** gerichtlich und außergerichtlich (§ 78 Abs.1 AktG). Besteht der Vorstand aus mehreren Mitgliedern, sind diese nur zur **Gesamtvertretung** befugt. Die Satzung kann auch hier wieder davon abweichen.

Der Aufsichtsrat

Der Aufsichtsrat hat gemäß § 111 Abs.1 AktG die Geschäftsführung zu überwachen. Sie ist also ein **Kontrollorgan zur Überwachung des Vorstandes**. Er ist auch für die Bestellung und Abberufung des Vorstandes zuständig (§ 84 AktG).

Der **Aufsichtsrat besteht aus drei Mitgliedern**. Auch hier kann durch die Satzung eine höhere Mitgliederzahl bestimmt werden, die jedoch immer durch drei teilbar sein muss (§ 95 AktG lesen!). Die Höchstzahl der Mitglieder bestimmt sich nach der Höhe des Grundkapitals.

Sie beträgt bei einem Grundkapital

> bis zu 1,5 Mio. Euro: **neun Mitglieder**
> von mehr als 1,5 Mio. Euro: **fünfzehn Mitglieder**
> und von mehr als 10 Mio. Euro: **einundzwanzig Mitglieder**

Bsp.: Eine Gesellschaft mit einem Grundkapital von vier Millionen Euro kann also maximal fünfzehn Aufsichtsratsmitglieder haben.

Bestellt werden die Mitglieder des Aufsichtsrates von der Hauptversammlung, wenn dem nicht Vorschriften des **Mitbestimmungsgesetzes** entgegenstehen.

Danach bestimmt sich die Bildung und die Zusammensetzung des Aufsichtsrates sowie die Bestellung und die Abberufung seiner Mitglieder nach den §§ 7 – 24 MitbestG.

Die Bestellung des Aufsichtsrates **ohne Arbeitnehmervertreter** bestimmt sich nach dem Aktiengesetz, sofern nicht das BetrVG 1952, das MitbestG, das MontanMitbestG oder das MitbestErgG anzuwenden ist.

Dies gilt insbesondere für die Familien-AG mit weniger als 500 Arbeitnehmern, die „kleine" AG mit weniger als 500 Arbeitnehmern, soweit diese nach dem 10.08.1994 eingetragen wurde und die AG mit weniger als 500 Arbeitnehmern.

Für alle anderen gilt die **Mitbestimmungspflicht der Arbeitnehmer im Aufsichtsrat**.

Mit einer ¾ Mehrheit der Stimmen in der Hauptversammlung ist die Abberufung von Aufsichtsratsmitgliedern vor Ablauf ihrer Amtszeit möglich.

Nach § 102 Abs.1 AktG beträgt die Amtszeit eines Mitgliedes höchstens 4 Jahre.

Die Hauptversammlung

Die Hauptversammlung ist

> die als solche **ausdrücklich bezeichnete**
> unter Beachtung der **§§ 121 ff. AktG** einberufene
> und gem. **§§ 129 f., 133 ff. AktG** durchgeführte
> **Versammlung der Aktionäre**

In dieser Versammlung üben die Aktionäre grundsätzlich ihre **Aktionärsrechte** aus (§ 118 Abs.1 AktG).

An der Hauptversammlung sollen die Mitglieder des Vorstandes und des Aufsichtsrates teilnehmen.

Einberufen wird die Hauptversammlung durch den Vorstand (§ 121 Abs. 2 AktG) oder wenn das Wohl der Gesellschaft es fordert durch den Aufsichtsrat (§ 111 Abs.3 AktG).

Für die Einberufung durch den Aufsichtsrat ist zu fordern, dass die Hauptversammlung über den jeweiligen Gegenstand überhaupt einen Beschluss fassen kann, und dass er bestimmten Interessen der Gesellschaft dient.

Zuständigkeiten der Hauptversammlung

Gem. § 119 Abs.1 AktG entscheidet die Hauptversammlung über

> - **die Bestellung der Mitglieder des Aufsichtsrates,**
>   soweit sie nicht in den Aufsichtsrat zu entsenden
>   oder als Aufsichtsratsvertreter der Arbeitnehmer nach dem Betriebsverfassungsgesetz oder dem Mitbestimmungsergänzungsgesetz zu wählen sind
> - **die Verwendung des Bilanzgewinns**
> - **die Entlastung der Mitglieder des Vorstands und des Aufsichtsrats**
> - **die Bestellung des Abschlussprüfers**
> - **Satzungsänderungen**
> - **Maßnahmen der Kapitalbeschaffung und der Kapitalherabsetzung**
> - **die Bestellung von Prüfern zur Prüfung von Vorgängen bei der Gründung oder der Geschäftsführung**
> - **die Auflösung der Gesellschaft**

Für die gemäß § 119 Abs.1 AktG in der Satzung bestimmten Fälle sind die Einschränkungen nach § 23 Abs.5 AktG zu berücksichtigen.

Der Jahresabschluss

Den Jahresabschluss in seinen Einzelheiten darzustellen würde hier zu weit (in die Betriebwirtschaftslehre) führen. Die Grundzüge sollten aber auch dem Jurastudenten bekannt sein. Einige Studienordnungen sehen dies für das erste Staatsexamen als Prüfungsstoff vor, z.B. NRW.

> **Beachten Sie:**
> **Das Gesetz zur Modernisierung des Bilanzrechts (Bilanzrechts-modernisierungsgesetz) vom 25.05.2009 – BilMoG – will Unternehmen von übermäßigem Bilanzierungsaufwand befreien und die Bilanzvorschriften des HGB an die internationalen Rechnungs-legungsstandards annähern.**

Der Vorstand ist gem. §§ 242, 264 HGB zur Erstellung eines Jahresabschlusses verpflichtet. Der Jahresabschluss besteht gem. § 242 Abs.3 HGB aus **Bilanz** sowie **Gewinn- und Verlustrechnung**. Dem ist noch ein **Anhang** (§ 284 ff. HGB) hinzuzufügen, in dem Bilanz und Gewinn- und Verlustrechnung näher zu erläutern sind. Lockerungen der Ansprüche an die Anhänge kleinerer und mittlerer Gesellschaften finden sich in § 288 HGB.

Anhang, Bilanz sowie Gewinn- und Verlustrechnung bilden **eine Einheit**.

In der Bilanz wird das Vermögen den Schulden gegenübergestellt. In § 266 HGB ist genau geregelt, wie die Bilanz gegliedert sein muss.

Die Gewinn- und Verlustrechnung ist eine Gegenüberstellung der Aufwendungen und Erträge des Geschäftsjahres. Ihre Gliederung ist in § 275 HGB geregelt.

Neben dem Jahresabschluss ist auch ein **Lagebericht** anzufertigen, in dem gem. § 289 Abs.1 HGB *zumindest der Geschäftsverlauf und die Lage der Kapitalgesellschaft so darzustellen sind, dass ein den tatsächlichen Verhältnissen entsprechendes Bild vermittelt wird.* Der Lagebericht muss im Einklang mit dem Jahresabschluss stehen.

Die Kapitalgesellschaften sind nach dem Gesetz (s. § 267 HGB) in **drei Größenklassen** untergliedert. Je nach Zugehörigkeit zu einer dieser Klassen stellt das Gesetz unterschiedliche Ansprüche an den Jahresabschluss.

So besteht die Prüfungspflicht beispielsweise nicht für die sog. „kleinen" Kapitalgesellschaften (§ 267 Abs.1 HGB). Der so vom Vorstand erstellte Jahresabschluss muss sodann den Abschlussprüfern vorgelegt werden.

Abschlussprüfer können bei Aktiengesellschaften grundsätzlich nur Wirtschaftsprüfer und Wirtschaftsprüfungsgesellschaften sein. Diese müssen unabhängig sein, d.h. sie dürfen nicht Aktionäre der Gesellschaft sein oder in einem der Organe vertreten sein. Die Wirtschaftsprüfer unterliegen einer strengen gesetzlichen Haftung.

*Bsp.: Der Abschlussprüfer muss gem. § 321 HGB auch vor etwaigen Gefahren warnen. Er hat diesbezüglich also eine **Warnpflicht**. Versäumt er schuldhaft, die Gesellschaft auf eine von ihm erkannte Gefahr hinzuweisen, dann kann er dafür haftbar gemacht werden.*

In der Regel wird der Jahresabschluss vom Aufsichtsrat gebilligt und gilt damit als **festgestellt**.

Vorstand und Aufsichtsrat können jedoch beschließen, den Jahresabschluss von der Hauptversammlung feststellen zu lassen (§ 172 S.1, 2. HS AktG).

Die Feststellung durch die Hauptversammlung stellt aber lediglich die Ausnahme dar. Sie ist nicht zweckmäßig, da die Hauptversammlung normalerweise eine hohe Zahl an Mitgliedern aufweist, die zudem nicht über eine ausreichende fachliche Qualifikation verfügen müssen, um den doch recht komplizierten Jahresabschluss beurteilen zu können.

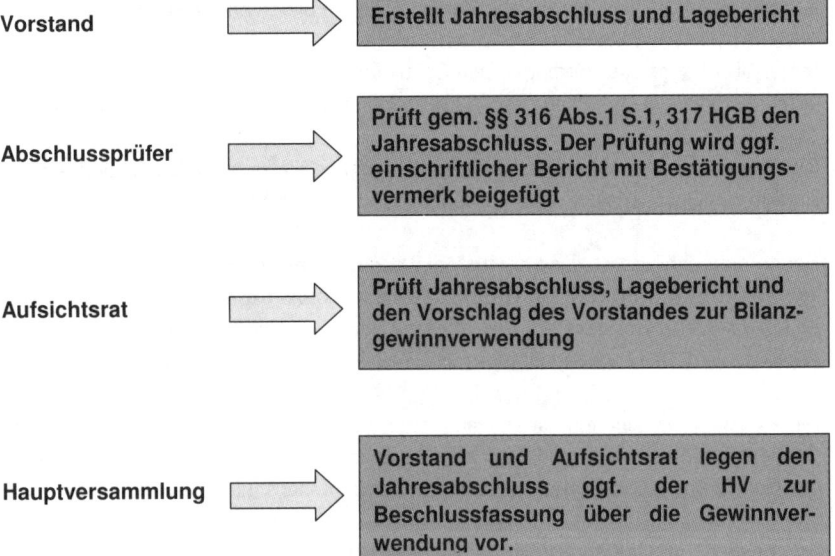

Vorstand → Erstellt Jahresabschluss und Lagebericht

Abschlussprüfer → Prüft gem. §§ 316 Abs.1 S.1, 317 HGB den Jahresabschluss. Der Prüfung wird ggf. einschriftlicher Bericht mit Bestätigungsvermerk beigefügt

Aufsichtsrat → Prüft Jahresabschluss, Lagebericht und den Vorschlag des Vorstandes zur Bilanzgewinnverwendung

Hauptversammlung → Vorstand und Aufsichtsrat legen den Jahresabschluss ggf. der HV zur Beschlussfassung über die Gewinnverwendung vor.

Die Auflösung der AG

In § 262 AktG sind die Auflösungsgründe aufgeführt. Die AG wird danach aufgelöst

- durch Zeitablauf
- durch Beschluss der Hauptversammlung mit qualifizierter Mehrheit
- durch Eröffnung des Insolvenzverfahrens
- durch Ablehnung der Eröffnung des Insolvenzverfahrens mangels Masse
  (Lebensunfähige Gesellschaften sollen aus dem Rechtsleben entfernt werden)
- durch rechtskräftige Feststellung eines Satzungsmangels nach § 144 a FGG
  (Danach kann das Registergericht die AG auffordern, einen Mangel in der Satzung zu beheben. Eine Missachtung kann zur Auflösung führen.)
- durch Löschung wegen Vermögenslosigkeit

Nach § 262 Abs.2 AktG kommen aber noch „*andere Gründe*" für eine Auflösung in Betracht.

Diese finden sich in verschiedenen Gesetzen und sollen hier nicht näher erläutert werden.

Die Kommanditgesellschaft auf Aktien (KGaA)

Die KGaA spielt im Wirtschaftsleben in Deutschland fast keine Rolle. Sie soll daher hier nur kurz vorgestellt werden.

Prominenteste Beispiele sind wohl die Henkel KGaA, Michelin Reifenwerke KGaA und die Merck KGaA.

Es handelt sich dabei, wie bei der GmbH & Co KG um eine Grundtypenvermischung aus zwei Gesellschaftsformen. Die KGaA enthält Elemente der KG und der AG. Die KGaA ist eine juristische Person. Auf die KGaA sind die Vorschriften über die KG, sowie die über die AG anwendbar (§ 278 Abs.2). Nach § 278 Abs.3 AktG gelten für die KGaA die Vorschriften des Ersten Buches über die Aktiengesellschaft.

Die KGaA ist gem. § 278 Abs.1 AktG

- eine Gesellschaft mit eigener Rechtspersönlichkeit,
- bei der mindestens ein Gesellschafter den Gesell-
  schaftsgläubigern unbeschränkt haftet
- und die übrigen an dem in Aktien zerlegten
  Grundkapital beteiligt sind,
- ohne persönlich für die Verbindlichkeiten zu haften

Die KGaA hat demnach zwei Arten von Gesellschaftern. Sie muss zumindest einen **persönlich haftenden Gesellschafter** (Komplementär) haben, der Geschäfts-führungs- und Vertretungsorgan ist.

Für ihn gelten die aktienrechtlichen Vorschriften, die auch für den **Vorstand** einer Aktiengesellschaft gelten (§ 283 AktG lesen!). Der Komplementär nimmt somit die Rolle des Vorstandes ein. Er ist jedoch unabhängiger als der Vorstand.

Abgesehen von dieser Abweichung hat die KGaA wie auch die AG einen Aufsichtsrat und eine Hauptversammlung.

Die anderen Gesellschafter sind die **Kommanditaktionäre**. Sie üben ihre Rechte in der Hauptversammlung aus. Jedoch bedürfen die Beschlüsse der Hauptversamm-lung der Zustimmung der persönlich haftenden Gesellschafter (s. § 285 Abs.2 AktG).

Komplementäre können in der Hauptversammlung ebenfalls mitstimmen, wenn sie mit Aktien am Grundkapital beteiligt sind. Hierin liegt ein wesentlicher Unterschied: Bei der Kommanditgesellschaft ist es hingegen nicht zulässig, dass eine Person gleichzeitig Kommanditist und Komplementär ist. Von daher können auch Einmanngesellschaften bestehen.

Der Aufsichtsrat führt die Beschlüsse der Kommanditaktionäre aus.

1. Wie wird die AG definiert?

Sie ist eine Handelsgesellschaft mit eigener Rechtspersönlichkeit, deren Gesellschafter mit Einlagen an dem in Aktien zerlegte Grundkapital beteiligt sind, ohne persönlich für die Verbindlichkeiten zu haften.

2. Wie nennt man den Abschluss des Gesellschaftsvertrages bei der AG?

Man spricht hier von der Feststellung der Satzung.

3. Was muss die Satzung gem. §§ 4, 5 AktG mindestens enthalten?

Die Satzung muss die Firma der AG, ihren Sitz, den Unternehmensgegenstand und die Höhe des Grundkapitals enthalten.

4. Wie wird bei der Gründung der AG unterschieden?

Es gibt die einfache und die qualifizierte Gründung.

5. Wo finden sich Bestimmungen zur qualifizierten Gründung?

§§ 26, 27 AktG.

6. Wie haftet eine AG für Verbindlichkeiten der Gesellschaft?

Für die Verbindlichkeiten haftet gem. § 1 Abs.1 S.2 AktG das Gesellschaftsver- mögen.

7. Kann die Höhe des Grundkapitals nachträglich verändert werden?

Ja, jedoch nur durch entsprechende Satzungsänderung.

8. Welche Möglichkeiten der Kapitalverschaffung gibt es für eine AG?

Kapitalerhöhung gegen Einlagen, bedingte Kapitalerhöhung, genehmigtes Kapital, Kapitalerhöhung aus Gesellschaftsmitteln.

9. Nennen Sie die Organe der AG.

Vorstand, Aufsichtsrat, Hauptversammlung

10. Welches sind die Verwaltungsrechte der Aktionäre?

Recht auf Teilnahme an der Hauptversammlung, Stimmrecht, Widerspruchsrecht, Auskunftsrecht.

11. Von wem werden die Mitglieder des Aufsichtsrates bestellt?

Von der Hauptversammlung, wenn nicht das Mitbestimmungsgesetz etwas anderes bestimmt.

12. Wo üben die Aktionäre ihre gesellschaftsbezogenen Rechte aus?

Gem. § 118 Abs.1 AktG üben sie ihre Aktionärsrechte in der Hauptversammlung aus.

13. Wer beruft die Hauptversammlung ein?

Der Vorstand, u.U auch der Aufsichtsrat.

14. Was setzt die Einberufung der Hauptversammlung durch den Aufsichtsrat voraus?

Die Hauptversammlung muss beschlussfähig sein und der Beschluss muss dem Wohl der Gesellschaft dienen.

15. Wo sind die Zuständigkeiten der Hauptversammlung geregelt?

§ 119 AktG

16. Wer erstellt den Jahresabschluss?

Gem. §§ 242, 264 Abs.1 HGB die gesetzlichen Vertreter der Kapitalgesellschaften. Das ist bei der AG der Vorstand (s. § 78 AktG).

17. Was ist neben einem Jahresabschluss noch anzufertigen?

§ 289 HGB sieht weiterhin die Anfertigung eines Lageberichtes vor.

18. Was passiert mit dem Jahresabschluss nach der Erstellung durch
den Vorstand?

Er muss zunächst den Abschlussprüfern
vorgelegt werden. Danach wird er i.d.R. vom
Aufsichtsrat festgestellt.

19. Wo sind die Auflösungsgründe für
die AG aufgeführt?

§ 262 AktG

20. Was ist das Besondere hinsichtlich
der Haftung?

Hier haftet mindestens ein Gesellschafter
unbeschränkt, während die übrigen nur durch
Aktien beteiligt sind.

21. Nennen Sie die beiden Gesellschafter einer KGaA.

1. Persönlich haftender Gesellschafter

2. Die Kommanditaktionäre

7. Kapitel
Die eingetragene Genossenschaft (e.G.)

Allgemeines

Bei der eingetragenen Genossenschaft handelt es sich gem. § 1 Genossen-schaftsgesetz (GenG) um

eine Gesellschaft von nicht geschlossener Mitgliederzahl, welche die Förderung des Erwerbes oder der Wirtschaft ihrer Mitglieder mittels gemeinschaftlichen Geschäftsbetriebes bezwecken

Als Beispiele für diese Gesellschaften führt § 1 GenG auf:

- Vorschuss- und Kreditvereine
  („Volks- und Raiffeisenbanken"),

- Rohstoffvereine
  (z.B.: „Bäcker-Einkauf"),

- Vereine zum gemeinschaftlichen Verkauf landwirtschaftlicher oder gewerb-licher Erzeugnisse
  (Absatzgenossenschaften, Magazinvereine),

- Vereine zur Herstellung von Gegenständen und zum Verkauf derselben auf gemeinschaftliche Rechnung
  (Produktivgenossenschaften),

- Vereine zum gemeinschaftlichen Einkauf von Lebens- oder Wirtschaftsbe-dürfnissen im großen und Ablass im kleinen
  (Konsumvereine),

- Vereine zur Beschaffung von Gegenständen des landwirtschaftlichen oder gewerblichen Betriebes und zur Benutzung derselben auf gemein-schaftliche Rechnung,

- Vereine zur Herstellung von Wohnungen.

Bei diesen Vereinen kann es sich um Genossenschaften handeln, muss es aber nicht. Es besteht kein Rechtsformzwang.

Der Gedanke, der den Genossenschaften zu Grunde liegt, ist die Selbsthilfe. Es handelt sich dabei um eine besondere Vereinsform, die ihren Ursprung im 19. Jahrhundert hatte und besonders den Handwerkern und Landwirten zugute kommen sollte.

> **Beachten Sie:** Neben dem GenG kommen daher auch die Vorschriften aus dem BGB zum Vereinsrecht in Betracht!

Hinsichtlich der Entwicklung des Genossenschaftswesens in Deutschland sind namentlich Hermann Schulze-Delitsch (für das Handwerk) und Friedrich Wilhelm Raiffeisen (für die Landwirtschaft) als bedeutend zu nennen.

> *Bsp.: Heute kennt man den Namen zumindest von der „Raiffeisenbank" oder der „Raiffeisen-Genossenschaft".*

Der Gesellschaftszweck kann kein beliebiger sein, wie bei der AG oder der GmbH, sondern es muss die **Förderung** des Erwerbs oder der Wirtschaft der Mitglieder durch einen gemeinschaftlichen Geschäftsbetrieb im Vordergrund stehen.

Aufgrund dieses besonderen Gesellschaftszwecks handelt es sich bei der e.G. auch **nicht um eine Handelsgesellschaft**, bei der regelmäßig der Erwerb maßgeblich ist.

Gem. § 17 Abs.1 GenG ist die e.G. eine **juristische Person**, hat also eine eigene Rechtspersönlichkeit. Nach § 17 Abs.2 gelten Genossenschaften als Kaufleute im Sinne des HGB.

Vermögensorganisation

Ein **Geschäftsanteil** stellt den Höchstbetrag dar, bis zu welchem sich ein Genosse durch Einzahlung an der Genossenschaft beteiligen kann. Dieser Betrag wird im Statut festgelegt. Nach § 7 Nr.1 GenG beträgt der Mindestbetrag für eine Beteiligung ein Zehntel des im Statut festgelegten Geschäftsanteils **(Mindesteinlage).**

Seit Einführung des § 7a GenG kann das Statut auch zulassen, dass sich die Genossen mit mehr als einem Geschäftsanteil beteiligen; es kann sie sogar dazu verpflichten (Pflichtbeteiligung).

Die Einlagen zuzüglich eventueller Gewinne ergeben das **Geschäftsguthaben** des einzelnen Mitglieds.

Die Gesamtheit aller Geschäftsguthaben bildet wiederum das **Genossenschafts- vermögen**.

Zum Schutze der Gläubiger darf das Geschäftsguthaben eines Genossen nicht an ihn ausgezahlt werden, solange er noch nicht aus der Genossenschaft ausge- schieden ist (§ 22 Abs.4 GenG).

Die Gründung der e.G.

§ 4 GenG setzt voraus, dass eine Genossenschaft mindestens drei Genossen hat. Hier zeigt sich bereits die Nähe zum Vereinsrecht, vgl. § 56 BGB!

Das **Statut** (Gesellschaftsvertrag) wird von den Gründungsmitgliedern schriftlich festgelegt (§ 5 GenG).

In den §§ 6, 7 GenG (lesen!) ist ein **Mindestinhalt** beschrieben, den ein Statut einer Genossenschaft zwingend vorweisen muss.

Die Genossenschaft muss zur Eintragung in das **Genossenschaftsregister** angemeldet werden. Dieses wird wie auch das Handelsregister bei den Amtsgerichten geführt.

§ 11 GenG (lesen!) regelt, welche Anlagen die Anmeldung enthalten muss. Das Gericht prüft, ob die Errichtung und die Anmeldung ordnungsgemäß sind; erst dann erfolgt die Eintragung.

Die Gründer bestellen weiterhin gem. § 9 GenG den Aufsichtsrat und den Vorstand.

Das Gesetz verlangt in den §§ 53 ff. GenG von jeder Genossenschaft die Zugehörigkeit zu einem **Prüfungsverband.**

Dieser Verband soll gem. § 63 b Abs.1 GenG die Rechtsform eines eingetragenen Vereins haben. Sein Prüfungsrecht wird dem Verband von der obersten Landesbehörde verliehen, in deren Gebiet der Verband seinen Sitz hat (§ 63 GenG).

Der Prüfungsverband hat die wirtschaftlichen Verhältnisse und die Ordnungsmäßigkeit der Geschäftsführung der Genossenschaft zu prüfen. Es muss bescheinigen, dass die Genossenschaft zum Beitritt zugelassen ist (§ 11 Abs.2 Nr.3 GenG).

Die Organe der e.G.

Das GenG sieht folgende Organe zwingend vor:

- **Vorstand (§§ 24 ff. GenG)**
- **Aufsichtsrat (§§ 36 ff. GenG)**
- **Generalversammlung (§§ 43 ff. GenG)**

Der Vorstand

Der Vorstand besteht aus mindestens zwei Mitgliedern und wird von der Generalversammlung gewählt (§ 24 Abs.2 GenG).

Er vertritt die Genossenschaft gerichtlich und außergerichtlich (§ 24 Abs.1 GenG). Durch das Statut kann der Vorstand jedoch in seiner Geschäftsführungsbefugnis beschränkt sein.

Diese Beschränkung der Befugnisse hat aber ausdrücklich keine Auswirkungen auf die Vertretung der Genossenschaft (§ 27 Abs.2 S.1 GenG).

Ausnahmsweise ist auch der Aufsichtsrat gem. § 39 Abs.1 GenG zur Vertretung befugt, wenn es sich um den Abschluss von Verträgen zwischen der Genossenschaft und dem Vorstand handelt.

Der Aufsichtsrat

Die Funktion des Aufsichtsrates besteht darin, sich über die Angelegenheiten des Vorstandes zu unterrichten und deren Geschäftsführung in allen Zweigen der Verwaltung zu überwachen. Er ist somit das **Kontrollorgan der Geschäftsführung**.

Der Aufsichtsrat besteht aus drei Mitgliedern, die von der Generalversammlung gewählt werden. Das Statut kann jedoch auch hier von der gesetzlichen Mindestzahl abweichen und eine höhere Mitgliederzahl vorsehen. Voraussetzung für die Mitgliedschaft ist jedoch, das es sich um Genossen handelt (§ 9 Abs.2 S.1 GenG). Das gilt gleichermaßen für die Mitglieder des Vorstandes.

> **Beachten Sie:** Auch hier besteht eine Inkompatibilität zwischen den Mitgliedschaften. Niemand darf zugleich Mitglied des Aufsichtsrates und des Vorstandes sein!

Die Generalversammlung

Die Generalversammlung ist das **oberste Willensbildungs- und Entscheidungsorgan**. Hier üben die Genossen ihre Rechte nach §§ 43 ff. GenG aus.

Durch seine Mitgliedschaft hat jeder Genosse das Recht, an der Generalversammlung teilzunehmen. Das Statut kann sogar einen Teilnahmezwang vorsehen und ein Zuwiderhandeln mit einer Vereinsstrafe ahnden.

Dabei hat jeder Genosse eine Stimme. Genossen, die den Geschäftsbetrieb der Genossenschaft besonders fördern, können durch das Statut bis zu drei Stimmen gewährt werden.

Das **Mehrstimmrecht** ist aber bei bestimmten Beschlüssen beschränkt, so dass bei Mitgliedern mit mehr als einer Stimme, ihr Stimmrecht wieder auf eine auf eine Stimme reduziert wird (s. § 43 Abs.3 S.6 GenG).

Nur die Generalversammlung kann nach § 16 GenG eine Änderung des Statuts bewirken. Im GenG finden sich noch weitere einzelne Zuständigkeiten der Generalversammlung.

Bei Genossenschaften mit mehr als 1.500 Mitgliedern kann im Statut anstelle einer Generalversammlung eine **Vertreterversammlung** vorgesehen werden (s. § 43 a GenG).

Erwerb und Verlust der Mitgliedschaft

Mitglieder einer e.G. können natürliche und juristische Personen sein, sowie oHG, KG und neuerdings die GbR. Die Mitgliedschaft wird entweder mit als Gründungsmitglied erworben, oder nachträglich durch eine schriftliche, unbedingte Beitrittserklärung. Die Genossenschaft muss den Beitritt zulassen.

Gem. § 65 GenG kann jeder Genosse zum Schluss eines Geschäftsjahres durch **Aufkündigung** aus der Genossenschaft austreten.

Durch das Statut kann aber eine maximale Kündigungsfrist von fünf Jahren vorgesehen sein. Diese kann jedoch aufgrund der persönlichen und wirtschaftlichen Verhältnisse eines Genossen erheblich verkürzt werden (§ 65 Abs.2 GenG lesen!).

Im Statut können Gründe bestimmt werden, die zum **Ausschluss** eines Mitgliedes führen.

Nach § 68 Abs.1 GenG kann ein Genosse ausgeschlossen werden, wenn er in einer anderen Genossenschaft Mitglied ist, welche an demselben Ort ein gleichartiges Geschäft betreibt. Der Ausschluss kann aber wie die Aufkündigung erst zum Schluss des Geschäftsjahres erfolgen.

Mit dem **Tod eines Genossen** geht die Mitgliedschaft auf den Erben über (§ 77 Abs.1 GenG).

Die Nachschusspflicht

Die Genossen haften nicht gegenüber den Gläubigern der Genossenschaft. Im Falle einer Insolvenz kann es aber passieren, dass die Verbindlichkeiten durch das Genossenschaftsvermögen nicht getilgt werden können.

Für diesen Fall sieht § 105 GenG vor, dass die Genossen zu Nachschüssen zur Insolvenzmasse verpflichtet sein sollen.

Gem. § 6 Nr.3 GenG können im Statut drei Arten von Nachschusspflichten festgelegt werden:

- **unbeschränkte Nachschusspflicht**
- **auf eine bestimmte Summe beschränkte Nachschusspflicht**
- **keine Nachschusspflicht**

Die Möglichkeit, die Nachschusspflicht ganz auszuschließen sollte die Rechtsform der e.G. interessanter machen, da das finanzielle Risiko praktisch entfällt.

Ist im Statut jedoch keine Regelung über die Nachschusspflicht getroffen so besteht eine unbeschränkte Nachschusspflicht.

Auflösung und Nichtigkeit

Die Auflösung der e.G. ist in den §§ 78 ff. GenG geregelt. Die Genossenschaft kann danach aufgrund eines Beschlusses der Generalversammlung jederzeit mit einer ¾ Mehrheit aufgelöst werden.

Im Statut können noch weitere Voraussetzungen für eine Auflösung vorgesehen werden.

Gem. § 79 Abs.1 GenG kann die Genossenschaft auch durch Ablauf einer im Statut bestimmten Zeit aufgelöst werden.

In beiden Fällen muss der Vorstand **ohne Verzug** die Auflösung zur Eintragung im Genossenschaftsregister anmelden.

Sinkt die Anzahl der Genossen unter sieben, wird die Genossenschaft von Amts wegen aufgelöst, wenn nicht der Vorstand binnen sechs Monaten einen Antrag darauf stellt (§ 80 Abs.1 GenG).

Weiterhin kann die Genossenschaft wegen gesetzwidriger Handlungen aufgelöst werden oder wenn sie keinem Prüfungsverband angehört.

Jeder Genosse kann darauf klagen, dass die Genossenschaft für nichtig erklärt wird, wenn Bestimmungen des Statuts nichtig sind, oder wesentliche Bestimmungen fehlen (s. § 94 GenG).

Nichtigkeitsgründe liegen insbesondere vor, wenn die vom Gesetz in §§ 6, 7 GenG vorgesehenen Mussvorschriften nicht im Statut enthalten sind, oder wenn die Haftsumme der Genossen gem. § 119 GenG (lesen!) im Statut nicht korrekt angegeben ist.

Wiederholungsfragen

1. Wo finden sich die Vorschriften zur e.G.?

Im Genossenschaftsgesetz

2. Welcher Gesellschaftszweck steht bei der e.g. im Vordergrund?

Die Förderung des Erwerbs oder der Wirtschaft ihrer Mitglieder

3. Ist die e.G. eine juristische Person?

Ja, es ist ausdrücklich in § 17 Abs.1 GenG normiert.

4. Wie verhalten sich Geschäftsanteil und Mindesteinlage zueinander?

Der Geschäftsanteil ist der statutarisch festgelegte Höchstbetrag mit dem sich ein Genosse beteiligen kann.

Die Mindesteinlage beträgt ein Zehntel davon.

5. Was ist das Genossenschaftsvermögen?

Die Gesamtheit aller Geschäftsguthaben

6. Wie heißt der Gesellschaftsvertrag bei der e.g.?

Statut (wird z.T. auch Satzung genannt)

7. Welche Aufgabe hat der Prüfungsverband?

Er soll die wirtschaftlichen Verhältnisse und die Ordnungsmäßigkeit der Geschäftsführung prüfen.

8. Nennen Sie die Organe der Genossenschaft.

Vorstand, Aufsichtsrat und General- bzw. Vertreterversammlung

9. Welche besonderen Anforderungen bestehen an die Mitglieder von Vorstand und Aufsichtsrat?

Es muss sich jeweils um Genossen handeln.

10. Wann können Aufkündigung und Ausschluss aus der Genossenschaft nur erfolgen?

Jeweils zum Schluss des Geschäftsjahres

11. Wann besteht ggf. eine Nachschusspflicht?

Im Falle der Insolvenz der Genossenschaft

12. Warum empfiehlt es sich, eine Regelung über die Nachschusspflicht in das Statut aufzunehmen?

Weil ansonsten eine unbeschränkte Nachschusspflicht besteht, die sich finanziell verheerend auf die Genossen auswirken kann.

13. Wann wird die Genossenschaft von Amts wegen aufgelöst?

Wenn die Anzahl der Genossen unter sieben sinkt.

14. Wer kann die Gesellschaft durch Beschluss auflösen?

Die Gesellschafterversammlung mit einer ¾ Mehrheit.

8. Kapitel
Die stille Gesellschaft

Die Merkmale der stillen Gesellschaft

Die stille Gesellschaft ist eine Personengesellschaft i.S.v. § 705 BGB. Sie ist aber auch gleichzeitig eine **reine Innengesellschaft**. Das bedeutet, dass die stille Gesellschaft selbst nicht rechtsfähig ist. Sie wird daher nicht nach außen hin tätig.

Definition:

- **Der stille Gesellschafter (oder Teilhaber) beteiligt sich**
- **an einem Handelsgewerbe,**
- **das ein anderer betreibt,**
- **mit einer Einlage,**
- **die in das Vermögen des Inhabers des anderen Handelsgeschäftes übergeht (§ 230 HGB).**

Es wird somit kein gemeinschaftliches Gesellschaftsvermögen gebildet.

Die stille Gesellschaft ist gerade keine Handelsgesellschaft, weil nur der tätige Teilhaber ein Handelsgewerbe betreibt. Das ergibt sich bereits aus der Überschrift des zweiten Buches des HGB („Handelsgesellschaften und stille Gesellschaften). Folgerichtig wird der stille Gesellschafter auch nicht in das Handelsregister eingetragen.

Entstehung der stillen Gesellschaft

Die Gesellschaft entsteht durch Abschluss eines Gesellschaftsvertrages zwischen dem Inhaber des Handelsgeschäftes und dem sogenannten **Stillen**. Der Vertrag ist dabei an keine besondere Form gebunden. Zu beachten ist aber ggf. § 311 b Abs.1 BGB.

Bei dem Inhaber des Handelsgeschäftes muss es sich gem. § 230 Abs.1 HGB um einen Kaufmann nach §§ 1 ff. HGB handeln.

Beachten Sie: Handelt es sich bei dem Unternehmen, an dem sich der Stille beteiligt nicht um ein Handelsgewerbe i.S. der §§ 1ff. HGB finden die §§ 230 ff. HGB analog Anwendung.

Beteiligt sich jemand lediglich an einem Gesellschafts**anteil** eines anderen, handelt es sich um eine **Unterbeteiligung**.

Die Ansprüche an den Stillen sind auf seine Beteiligung beschränkt. Er braucht weder Kaufmann zu sein, noch sonstige besondere Voraussetzungen zu erfüllen. Es kann sich bei ihm um eine natürliche oder auch juristische Person handeln.

Schließt der Inhaber eines Handelsgeschäftes (auch Komplementär oder Hauptgesellschafter genannt) mit mehreren Stillen Gesellschaftsverträge ab, so bestehen entsprechend viele stille Gesellschaften. Die Anzahl der Gesellschafter ist somit bei der stillen Gesellschaft auf zwei begrenzt.

Die Haftung

Eine Haftung des Stillen scheidet nach § 230 HGB aus. Er haftet nur für seine Einlageverbindlichkeiten gegenüber dem Inhaber des Handelsgeschäftes. Dessen Gläubiger können sich somit nicht an den stillen Gesellschafter wenden.

Bsp.: *Rentner A möchte sich mit 50.000 Euro an der X-GmbH beteiligen, ohne dass dieses bekannt wird. Er möchte zwar an den Gewinnen der GmbH beteiligt werden jedoch selbst kein Haftungsrisiko eingehen. - Optimal ist für A eine Beteiligung als stiller Gesellschafter.*

Nach außen hin tritt allein der Inhaber des Handelsgeschäftes im eigenen Namen auf. Der stille Gesellschafter ist nicht befugt, die Gesellschaft zu vertreten.

Beachten Sie: Es ist durchaus möglich, dem stillen Gesellschafter Prokura oder Handlungsvollmacht zu erteilen. Dann ist er selbstverständlich zur Vertretung befugt.

Gewinn- und Verlustbeteiligung

Soweit im Gesellschaftsvertrag nichts anderes vereinbart wurde, gelten für die Verteilung von Gewinn und Verlust die Bestimmungen der §§ 231, 232 HGB.

Eine Beteiligung am Gewinn wird durch § 232 Abs.2 HGB gewährleistet und kann **nicht abbedungen** werden. Jedoch kann die Beteiligung des Stillen von Verlusten ausgeschlossen werden.

Der Stille muss keine bezogenen Gewinne zur Deckung von Verlusten zurückzahlen, jedoch wird, solange seine Einlage durch Verlust vermindert ist, der jährliche Gewinn zur Deckung des Verlustes verwendet.

Kontrollrecht

Die Kontrollrechte des stillen Gesellschafters sind gesetzlich durch § 233 Abs.1 HGB insoweit beschränkt, als dass er lediglich die abschriftliche Mitteilung des Jahresabschlusses verlangen kann und dessen Richtigkeit unter Einsicht der Bücher und Papiere prüfen darf.

Sollen dem stillen Gesellschafter weitergehende Rechte zugestanden werden, müssen diese im Gesellschaftsvertrag näher beschrieben werden.

Die atypische stille Gesellschaft

Unter einer **typischen stillen Gesellschaft** versteht man eine stille Gesellschaft, die dem oben beschriebenen gesetzlichen Idealtypus entspricht.

Beachten Sie: Der Begriff „typische stille Gesellschaft" ist so zu verstehen, dass es sich dabei um den im Gesetz vorgesehenen Typus handelt. Er sagt nichts über die Häufigkeit des Typus in der deutschen Unternehmenswirklichkeit aus.

Davon zu unterscheiden ist die sog. **atypische stille Gesellschaft**.

Es haben sich verschiedene Varianten gebildet, die von diesem Idealtypus abweichen. Die am häufigsten vorkommenden Varianten zeichnen sich dadurch aus, dass

- **der Stille an der Geschäftsführung beteiligt ist,**
  oder
- **der Stille am Gesellschaftsvermögen beteiligt ist,**
  oder
- **die stille Gesellschaft mehrgliedrig ist (str.)**
  oder
- **der Stille gleichzeitig Kommanditeinlagen gezeichnet hat.**

Zu beachten ist dabei aber, dass es sich nach wie vor um eine reine Innengesellschaft handelt!

Es können bei einer atypischen Gesellschaft auch mehrere dieser Abweichungen zutreffen.

Abgrenzung zu anderen Rechtsverhältnissen

Häufig ist nicht auf Anhieb erkennbar, ob eine stille Gesellschaft auch wirklich vorliegt.

Als reine Innengesellschaft ist die stille Gesellschaft ein Schuldverhältnis.

Wesentliche Merkmale der stillen Gesellschaft finden sich auch bei anderen Gesellschaften oder schuldrechtlichen Austauschverträgen.

Schwierigkeiten bereitet die Abgrenzung zu den **partiarischen Rechtverhältnissen**, insbesondere zum **partiarischen Darlehen.**

Partiarisch bedeutet, dass eine Gewinnbeteiligung vereinbart wurde. Es gibt neben dem Darlehen auch partiarische Miet-, Pacht- oder Dienstverhältnisse.

Das **Fehlen des gemeinsamen Zwecks** wird häufig als Abgrenzungskriterium betrachtet.

Eindeutiger kann eine Abgrenzung jedoch aufgrund äußerer Merkmale vorgenommen werden.

Ist der Stille neben der (nicht zur Disposition stehenden) Gewinnbeteiligung auch **am Verlust beteiligt**, liegt immer eine stille Gesellschaft vor. Ebenso kann nur eine stille Gesellschaft angenommen werden, wenn dem Stillen Kontroll- und Mitwirkungsrechte eingeräumt worden sind.

Beim **partiarischen Darlehen** hat der Darlehensgeber grundsätzlich **keinen Einfluss** auf die Verwendung des Darlehens.

Zwar sind Kontroll- und Widerspruchsrechte bei Darlehensverträgen nicht unüblich, aber der Darlehensgeber hat dennoch nicht die Möglichkeit unmittelbarer Einflussnahme.

Weiterhin kann die stille Beteiligung im Gegensatz zum Darlehen **nur im Einverständnis** mit dem Geschäftsinhaber **abgetreten** werden.

Der **Tod des Darlehensnehmers** ist ohne Einfluss auf das mit den Erben fortzusetzende Rechtsverhältnis.

Beim **Tod des Hauptgesellschafters** hingegen löst sich die stille Gesellschaft regelmäßig gem. §§ 727 Abs.1 BGB, 234 Abs.2 HGB auf (siehe unten).

Liegen keine eindeutigen Anhaltspunkte vor, müssen Rückschlüsse aus der Gesamtheit aller Umstände des Einzelfalles geschlossen werden.

In **Abgrenzung zur BGB- oder Kommanditgesellschaft** wird bei der stillen Gesellschaft kein Gesellschaftsvermögen gebildet. Sie nimmt als Innengesellschaft nicht am Rechtsverkehr teil.

Die Nähe zur Kommanditgesellschaft besteht darin, dass durch die Beteiligung an einem Unternehmen mit einer Einlage, das Haftungsrisiko eingeschränkt werden soll. Der stille Gesellschafter kann von einer Verlustbeteiligung völlig ausgeschlossen werden. Der Kommanditist haftet dagegen bis zur Höhe seiner Einlage unmittelbar.

Die Auflösung der stillen Gesellschaft

Besonderheiten bei der Auflösung der stillen Gesellschaft ergeben sich im Falle des Todes eines Gesellschafters.

Automatisch löst sich die stille Gesellschaft auf, wenn der Inhaber des Handelsgeschäftes stirbt.

Gem. § 234 Abs.2 HGB ist dies jedoch nicht beim Tode des Stillen der Fall. Doch auch hier kommt es auf die konkrete Ausgestaltung des Gesellschaftsvertrages an.

Eine Liquidation findet bei der stillen Gesellschaft nicht statt, da sie kein Vermögen hat. Der Stille hat aber gegen den Inhaber des Handelsgeschäftes einen Anspruch auf Auszahlung seiner Einlage aus § 235 Abs.1 HGB.

Nach § 235 Abs.2 HGB müssen die zur Zeit der Auflösung noch schwebenden Geschäfte noch vom Inhaber des Handelsgeschäftes abgewickelt werden.

Wiederholungsfragen

1. Wann liegt eine stille Gesellschaft vor?

Eine stG liegt vor, wenn ein Gesellschafter sich mit einer Einlage an einem Handelsgewerbe beteiligt, die in das Vermögen des Inhabers des Handelsgeschäftes übergeht.

2. Handelt es sich dabei um eine Handelsgesellschaft?

Nein, das Handelsgewerbe betreibt nur der *tätige* Teilhaber.

3. Wie viele stille Gesellschafter kann eine solche Gesellschaft haben?

Einen! Die Anzahl der Gesellschafter *insgesamt* ist damit auf zwei begrenzt.

4. Wovon ist die stille Gesellschaft abzugrenzen?

Insbesondere von den partiarischen Rechtsverhältnissen

5. Was bedeutet `partiarisch`?

Partiarisch ist ein Rechtsgeschäft, wenn eine Gewinnbeteiligung vereinbart wurde.

6. Wie haftet der stille Gesellschafter?

Er haftet ausschließlich mit der Einlage, die er geleistet hat oder zu dessen Leistung er sich verpflichtet hat.

7. Inwieweit ist der stille Gesellschafter an den Verlusten der Gesellschaft beteiligt?

Der Stille nimmt am Verlust nur bis zur Höhe seiner Einlage teil, soweit er vertraglich nicht davon ausgeschlossen ist.

8. Was versteht man unter einer atypischen stillen Gesellschaft?

Eine stille Gesellschaft, die vom gesetzlich geregelten Idealtypus abweicht.

9. Durch wessen Tod wird die Gesellschaft i.d.R. aufgelöst?

Regelmäßig mit dem Tod des Inhabers des Handelsgeschäftes.

10. Weshalb findet nach der Auflösung der stillen Gesellschaft keine Liquidation statt?

Weil bei der stillen Gesellschaft kein Gesellschaftsvermögen existiert.

11. Wozu ist der Inhaber des Handelsgeschäftes nach Auflösung ggf. noch verpflichtet?

Die noch *schwebenden* Geschäfte müssen noch abgewickelt werden.

9. Kapitel
Der Verein

Allgemeines

Der Verein ist der **Grundtypus der Körperschaften**. Das BGB unterscheidet zwischen *nichtwirtschaftlichem* (§ 21) und *wirtschaftlichem Verein* (§ 22) als **rechtsfähige** Vereine und dem **unrechtsfähigen** Verein gem. § 54 BGB. Die Vorschriften über das Vereinsrecht finden sich in den §§ 21 – 79 BGB ohne, dass ihnen eine Definition des Begriffs "Verein" vorangestellt worden wäre.

Nach anerkannter **Definition** ist der Verein eine

> **auf Dauer angelegte Verbindung
> einer größeren Anzahl von Personen
> zur Verfolgung eines bestimmten Zwecks**

Der Verein ist im Rechtsleben eine sehr beliebte Gesellschaftsform, da er nicht so starre Organisationsstrukturen aufweist, wie beispielsweise die AG oder die GmbH.

Seine Erscheinungsformen sind daher auch recht vielfältig. Die Spannbreite reicht von Skat-, Trachten- oder Dackelzüchtervereinen bis hin zu Gewerkschaften und politischen Parteien (für sie gilt zusätzlich das PartG).

Der nichtwirtschaftliche eingetragene Verein (e.V.)

Rechtsfähigkeit erlangt der Verein, wenn die Mindestvoraussetzungen vorliegen:
- Die Gründung (Gründungsvertrag) erfordert gem. § 56 BGB mindestens sieben Mitglieder.
- Diese müssen eine *Satzung* beschließen, die mindestens den Vereinszweck, den Namen und den Sitz des Vereins beinhaltet (§ 57 BGB).
- Aus der Satzung muss sich schließlich ergeben, dass der Verein in das Vereinsregister eingetragen werden soll.

Bis zum Zeitpunkt seiner Eintragung kann der Verein aber bereits als sog. Vorverein tätig sein, für den das gleiche gilt, wie für die bereits angesprochene Vor-GmbH.

Gem. § 21 BGB darf der Zweck des Vereins nicht auf einen wirtschaftlichen Geschäftsbetrieb gerichtet sein. Ansonsten würde es sich um einen wirtschaftlichen Verein handeln.

Dieser sog. **Idealverein** nach § 21 BGB erlangt seine Rechtsfähigkeit mit Eintragung in das Vereinsregister beim zuständigen Amtsgerichts.

Abzugrenzen ist der nichtwirtschaftliche vom **wirtschaftlichen Verein.**

Ein wirtschaftlicher Verein liegt vor, wenn

planmäßig und dauerhaft Leistungen gegen Entgelt angeboten werden.

Der wirtschaftliche Geschäftsbetrieb kann jedoch lediglich Nebenzweck sein. Dann liegt dennoch ein nicht wirtschaftlicher Verein vor **(Nebenzweckprivileg).**

Umstritten ist dies bei den großen Fußballvereinen, die dadurch Millionen einnehmen und es sich offensichtlich nicht um einen Nebenzweck handelt.

Der **wirtschaftliche Verein** erlangt seine Rechtsfähigkeit durch staatliche Verleihung. Kann der Verein nach den bundesgesetzlichen Bestimmungen über die Rechtsformen (AktG, GmbHG usw.) Rechtsfähigkeit erlangen, kommt eine Verleihung nicht in Betracht. Hier gilt der Grundsatz der Subsidiarität.

Die Verleihung ist nur zulässig, wenn es für den Verein wegen besonderer Umstände unzumutbar wäre, sich in einer der vorgegebenen Rechtsformen zu organisieren.

Von daher spielen rechtsfähige wirtschaftliche Vereine **in der Praxis kaum eine Rolle.**

Die Organe des Vereins

Die bedeutenden Organe des Vereins sind der Vorstand (§ 26) und die Mitgliederversammlung (§ 32).

Gem. § 26 BGB muss der Verein einen **Vorstand** haben, der aber aus mehreren
Personen bestehen kann (S.2). Der **Vorstand vertritt den Verein** gerichtlich und
außergerichtlich. Er ist quasi das Handlungsorgan des Vereins. Die Bestellung des
Vorstandes und seine (freie) Widerruflichkeit durch die Mitgliederversammlung
ergeben sich aus § 27 Abs. 1, 2 BGB. Seine Vertretungsmacht kann in der Satzung
mit Wirkung gegenüber Dritten beschränkt werden. Eine Beschränkung entfaltet aber
erst Außenwirkung, wenn sie im Vereinsregister eingetragen oder dem
Vertragspartner bekannt ist. Dem Register kommt insoweit nach §§ 70 i.V.m. 68 BGB
eine *negative Publizität* zu.

> **Beachten Sie:** § 27 Abs.3 enthält eine Verweisung in das Auftragsrecht! Es fin-
> det Anwendung auf die Beziehungen zwischen Vorstand und Verein.

Die Mitgliederversammlung ist gewissermaßen das oberste Organ des Vereins. Sie
ist für die Willensbildung des Vereins zuständig. In der Mitgliederversammlung
werden die Angelegenheiten des Vereins durch Beschlussfassung geordnet. Sie
beschließt die Vereinssatzung und bestellt und überwacht den Vorstand.

Wichtig ist, dass die Mehrheit der **erschienenen** Mitglieder entscheidet (vgl. § 32
BGB). Das bedeutet auch, dass es nur auf die Mehrheit der abgegebenen Stimmen
ankommt. Mitglieder, die sich ihrer Stimme enthalten gelten als nicht erschienen! Die
§§ 32, 34 BGB gelten gem. § 28 Abs.1 BGB auch für den Vorstand, wenn dieser aus
mehreren Personen besteht.

Für eine Satzungsänderung wie auch für die Auflösung nach § 41 BGB ist eine
qualifizierte Mehrheit von dreiviertel der erschienenen Mitglieder erforderlich.
Soll der Zweck des Vereins geändert werden, so müssen *alle* Mitglieder zustimmen
und die Nichterschienenen müssen ihre Zustimmung schriftlich erklären (§ 33 Abs.1
S.2 BGB).

In der Satzung ist festzulegen, wann die Mitgliederversammlung einberufen werden
soll. Darüber hinaus ist sie einzuberufen, wenn das Interesse des Vereins es fordert.

Schließlich kann gem. § 37 Abs.1 BGB eine **Minderheit** unter Angabe von Zweck
und Gründen eine Mitgliederversammlung einberufen.

§ 40 BGB nennt ausdrücklich jene Paragraphen, die dispositiv sind. Alle nicht
genannten Vorschriften sind zwingendes Recht.

Haftung

Der Verein ist eine juristische Person und haftet damit selbst. Gem. **§ 31 BGB** haftet der Verein für Schäden, die durch Pflichtverletzungen seiner Organe verursacht worden sind.

§ 31 BGB bezieht insoweit auch **verfassungsmäßig berufene Vertreter** in den Kreis der Organe mit ein. Dies können Personen sein, die laut Satzung zur Vertretung des Vereins berechtigt sind. Die Rechtsprechung hat diesen Begriff weit ausgelegt. Es ist daher nicht erforderlich, dass der Vertreter als solcher in der Satzung vorgesehen ist. Es genügt, dass er durch *die allgemeine Betriebsregelung und Handhabung bedeutsame wesensmäßige Funktionen der juristischen Person zur selbständigen, eigenverantwortlichen Erfüllung zugewiesen sind und er die juristische Person insoweit repräsentiert* (BGH NJW 1998, 1856). Man spricht auch von der sog. **Repräsentantenhaftung.** § 31 BGB ist lediglich eine haftungszuweisende Norm.

Handelt es sich bei der schädigenden Person weder um ein Organ noch um einen Repräsentanten des Vereins, kommt eine Haftung des Vereins wegen Organisationsmangels in Betracht. Der Verein ist verpflichtet, den Geschäftsbereich seiner Tätigkeit so zu organisieren, dass für alle wichtigen Aufgaben ein bestimmter Vertreter zuständig ist. Tut er dies nicht, muss er sich so behandeln lassen, als sei der Handelnde ein satzungsgemäßer Vertreter.

Auflösung des Vereins

Der Verein kann einerseits durch **Beschluss der Mitgliederversammlung** aufgelöst werden (§ 41 BGB). Weiterhin wird der Verein durch die **Eröffnung des Insolvenzverfahrens** aufgelöst.

Es kann aber auch sein, dass dem Verein die Rechtsfähigkeit **entzogen** wird, wenn er durch einen gesetzwidrigen Beschluss der Mitgliederversammlung oder durch gesetzeswidriges Verhalten des Vorstandes das Gemeinwohl gefährdet (§ 43 BGB). Zur Liquidation des Vereinsvermögens s. §§ 47 ff. BGB.

Der nichtrechtsfähige Verein

Nach **§ 54 S.1 BGB** sollen auf die nichtrechtsfähigen Vereine die Vorschriften über die Gesellschaft Anwendung finden. Nichtrechtsfähige Vereine sind solche, die nicht im Vereinsregister eingetragen sind oder keine staatliche Zulassung erhalten haben.

Aber auch der nichtrechtsfähige Verein unterscheidet sich durch seine körperschaftliche Struktur von der Gesellschaft.

Politische, sozialpolitische und religiöse Vereine sollten durch den § 54 S.1 BGB zur Eintragung veranlasst werden, um sie einer staatlichen Kontrolle zu unterwerfen. Die §§ 61 Abs.2, 43 Abs.3 BGB, die diese Kontrolle ermöglichten, wurden aber frühzeitig aufgehoben und somit fiel der ursprüngliche Zweck des § 54 BGB weg.

Heute besteht Einigkeit darüber, dass die §§ 24 ff BGB auch auf den nichtrechtsfähigen Verein anzuwenden sind.

Dennoch gilt **§ 54 S.2 BGB** weiterhin für den nichtrechtsfähigen Verein. Aufgrund der mangelnden Rechtsfähigkeit haftet hier nicht der Verein selbst, sondern der Handelnde persönlich.

Wiederholungsfragen

1. Welches sind die Voraussetzungen für den Verein?

Er muss auf Dauer angelegt sein und eine größere Anzahl von Personen zur Verfolgung eines gemeinsamen Zweckes verbinden.

2. Was muss die Vereinssatzung gem. § 57 BGB mindestens beinhalten?

Den Vereinszweck, den Namen und den Sitz des Vereins, sowie die angestrebte Eintragung.

3. Wann ist der Zweck auf einen wirtschaftlichen Geschäftsbetrieb gerichtet?

Wenn Leistungen planmäßig und dauerhaft gegen Entgelt angeboten werden.

4. Welches sind die gesetzlich vorgeschriebenen Organe des Vereins?

Vorstand und Mitgliederversammlung

5. Welche Möglichkeiten der Auflösung gibt es?

Beschluss der Mitgliederversammlung, Eröffnung des Insolvenzverfahrens oder Entzug der Rechtsfähigkeit

6. Wodurch erlangt ein Verein seine Rechtsfähigkeit?

Durch Eintragung in das Vereinsregister (nichtwirtschaftlicher Verein) oder durch staatliche Zulassung (wirtschaftlicher Verein)

7. Wie haftet der Verein?

Als juristische Person haftet der Verein selbst.

8. Wer löst den Verein durch Beschluss auf?

Die Mitgliederversammlung

9. Was sind nichtrechtsfähige Vereine?

Vereine, die nicht im Vereinsregister eingetragen oder nicht staatlich zugelassen sind.

10. Wer haftet beim nichtrechtsfähigen Verein?

Hier haftet nicht der Verein, sondern der Handelnde selbst.

10. Kapitel

Die GmbH & Co KG

Die GmbH & Co KG ist eine besondere Unternehmensform. Es handelt sich dabei um die Vermischung zweier Gesellschaftsformen (sog. **Grundtypenvermischung**). Denkbar sind verschiedene Kombinationen von Gesellschaftsformen.

Bsp.: Stiftung & Co, GmbH & Stille..

Die GmbH & Co KG ist jedoch die beliebteste Kombination bei mittelständischen Unternehmen. Alle anderen sind eher Ausnahmen.

Bei der GmbH & Co KG handelt es sich prinzipiell um eine

> **Kommanditgesellschaft, bei der eine GmbH persönlich haftender Gesellschafter ist.**

Der Sinn dieser Verbindung besteht darin, die Vorteile beider Gesellschaftsformen zu vereinen, insbes. das Haftungsrisiko zu minimieren und dennoch die steuerlichen Vorteile einer Personengesellschaft zu erlangen.

Man unterscheidet zwei Arten der GmbH & Co KG:

Von einer **personengleichen** GmbH & Co KG spricht man, wenn die Gesellschafter der GmbH identisch mit den Kommanditisten der KG sind.

Bsp.: A und B sind alleinige und gleichberechtigte Gesellschafter der x-GmbH. Diese wiederum ist Komplementär einer KG. A und B sind ebenfalls die Kommanditisten dieser KG.

Sind die Gesellschafter beider Gesellschaftsformen nicht identisch, spricht man von einer **personenverschiedenen** oder einer **unechten** GmbH & Co KG.

Gründungsmotive waren früher mehr als heute steuerrechtliche Aspekte. Heute liegen die Vorteile einer GmbH & Co KG verstärkt im Gesellschaftsrecht selbst und im Bilanzrecht.
Keine der natürlichen Personen, die an der Gesellschaft beteiligt sind, haftet unbeschränkt für die Verbindlichkeiten.

Im Regelfall gründen die späteren Kommanditisten eine GmbH und dann mit dieser GmbH als Komplementärin eine KG. Die Kommanditisten sind somit gleichzeitig die Gesellschafter der Komplementär- GmbH.

Früher gab es aus steuerrechtlichen Gründen eine sog. doppelstöckige GmbH & Co. KG. Dabei handelte es sich um eine KG, deren Komplementärin wiederum eine GmbH & Co. KG war. Der Sinn dieses komplizierten Gebildes bestand darin, die Kapitalverkehrsteuer zu umgehen.

Nachdem in den neunziger Jahren die Gesellschaftsteuer abgeschafft wurde, verlor die doppelstöckige GmbH & Co. KG ihre Bedeutung.

Vertretung

Das Problem bei der Vertretung der personengleichen GmbH & Co KG besteht darin, dass die Gesellschafter alle Kommanditisten der Gesellschaft sind, und diese gemäß der zwingenden Vorschrift des § 170 HGB nicht zur unmittelbaren organschaftlichen Vertretung ermächtigt sind.

Die Lösung hierfür besteht in der **sog. Zweistufigkeit** der Vertretungsverhältnisse. D.h., der Geschäftsführer der GmbH vertritt die KG nicht unmittelbar, sondern **als Organ einer Komplementär-GmbH**.

Die organschaftliche Vertretung innerhalb der KG steht gemäß §§ 161 Abs.2, 125 HGB ausschließlich der GmbH zu. Diese wird dann, quasi auf der zweiten Stufe, nach § 35 GmbHG von ihrem Geschäftsführer vertreten.

Klausurhinweis: In einer Klausur ist es wichtig, diese Zweistufigkeit deutlich herauszustellen, um zu zeigen, dass man diese Besonderheit der GmbH & Co KG verstanden hat.

Beachten Sie: Die meisten Probleme, die bei der GmbH & Co KG auftreten, lassen sich bereits dadurch lösen, dass man jeweils die einschlägigen Normen über die GmbH oder die KG anwendet. Es muss also strikt zwischen den beiden Gesellschaftsformen getrennt werden.

Ein weiteres Problem ist das **Selbstkontrahierungsverbot des § 181 BGB**. Im Grunde steht es schon der Gründung einer personengleichen GmbH & Co KG entgegen: Der Gesellschaftsvertrag wird zwischen den Geschäftsführern der GmbH und den mit ihnen identischen Kommanditisten geschlossen!

Aber: § 181 BGB verbietet nicht grundsätzlich das „Insichgeschäft". Im Gesellschaftsvertrag kann bereits eine Befreiung vorgesehen werden. Des weiteren greift der Schutzgedanke des § 181 BGB hier nicht mehr, da eine Interessenidentität besteht zwischen den Geschäftsführern der GmbH und den Kommanditisten. In einem einstimmigen Beschluss liegt zugleich die Erlaubnis des Vertretenen zum Selbstkontrahieren.

Die Haftung

Bei der GmbH & Co KG haftet die **Komplementär GmbH unbeschränkt**. Für die Kommanditisten gelten selbstverständlich die §§ 171 ff HGB.

Hier zeigt sich der Vorteil der Rechtsformvermischung. Wie bei jeder KG haftet auch hier der Komplementär. Dieser ist hier jedoch eine GmbH, folglich haftet letztlich nur das Gesellschaftsvermögen und nicht das Privatvermögen der Gesellschafter.

Wiederholungsfragen

1. Was ist eine GmbH & Co KG?

Eine GmbH & Co KG ist eine Kommandit-gesellschaft, deren Komplementär eine GmbH ist.

2. Was versteht man unter einer *personengleichen* GmbH & Co KG?

Hier sind die Gesellschafter der GmbH mit den Kommanditisten der KG identisch.

3. Wie nennt man eine GmbH & Co KG, bei der die Gesellschafter beider Gesellschaftsformen nicht identisch sind?

Personenverschiedene oder unechte GmbH & Co KG

4. Wodurch wird die zwingende Vorschrift des § 170 HGB bei der Vertretung der GmbH & Co KG umgangen?

Durch die sog. Zweistufigkeit der Vertretungsverhältnisse.

5. Was besagt diese?

Die organschaftliche Vertretung der GmbH & Co KG steht ausschließlich der GmbH zu. Einer der Kommanditisten vertritt die KG als Geschäftsführer der GmbH.

6. Was ist eine doppelstöckige GmbH & Co.KG?

Die Komplementärin einer KG ist selbst eine GmbH & Co.KG.

7. Was ist die Besonderheit der GmbH & Co. KG hinsichtlich der Haftung?

Letztlich haftet für die Verbindlichkeiten nur das Gesellschaftsvermögen und niemand mit seinem Privatvermögen.

11. Kapitel
Die Societas Europaea (SE)

Allgemeines

Seit dem 08.10.2004 gilt in allen EU Mitgliedstaaten die SE-Verordnung. Sie ist das Ergebnis einer fast 40-jährigen Bestrebung der Harmonisierung des Gesellschaftsrechts in Europa.

Die SE ist eine Gesellschaftsform, die über die Grenzen hinweg (supranational) innerhalb der EU den Unternehmen die Voraussetzungen schafft, einen **gemeinsamen Markt** zu errichten (Europäische Aktiengesellschaft). Sie ist Körperschaft, juristische Person, Kapitalgesellschaft und Formkaufmann, Art.1 SE-VO.

Nachdem die *Europäische Wirtschaftliche Interessenvereinigung* (EWIV) kaum Beachtung gefunden hatte, erfreut sich die SE mittlerweile wachsender Beliebtheit.
(Prominente Beispiele sind die BASF SE, Allianz SE oder Porsche Holding-SE)

Daraus folgt, dass mindestens zwei der Gesellschafter in verschiedenen Mitgliedstaaten der EU ihr Hauptbetätigungsfeld haben müssen.

> **Beachten Sie:** Es handelt sich bei der SE-VO nicht um eine EG-Richtlinie, sondern um eine Verordnung des Ministerrates. Daher ist keine Umsetzung der Mitgliedstaaten notwendig.

Gleichwohl können die Mitgliedstaaten Rechts- und Verwaltungsvorschriften erlassen, sofern dies in der SE-VO vorgesehen ist oder diese Lücken aufweist. Sie dürfen ihr nur nicht zuwiderlaufen (sog. Sitzstaatsprinzip). Die SE unterliegt damit in weiten Teilen dem Recht des jeweiligen Sitzmitgliedstaates. Es bestehen daher erhebliche Unterschiede zwischen einer deutschen, französischen oder finnischen SE.

In Deutschland gilt zu diesem Zweck das **SE- Ausführungsgesetz**. Gem. Art. 9 Abs. 1 lit. C ii SE-VO sind die Regeln über Akteingesellschaften subsidiär.

> **Beachten Sie:** In letzter Konsequenz können somit die individuellen Regelungen der jeweiligen Satzung Anwendung finden!

Daraus ergibt sich folgende Hierarchie der Regelungen über die SE:

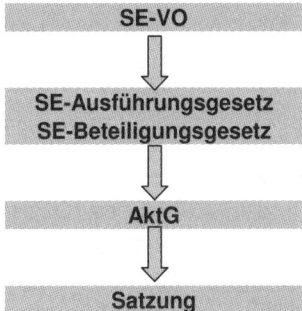

Gründung

Für die Gründung einer SE gilt ein *numerus clausus* von vier Gründungs-tatbeständen, d.h, es gibt gem. Art.2 SE-VO vier verschiedene Gründungsvarianten. Genau genommen handelt es sich mehrheitlich eher um Umwandlungsvorgänge, als um Neugründungen. Zudem ist der Mehrstaatenbezug maßgeblich.

- **Verschmelzung**
- **Formwechselnde Umwandlung**
- **Gründung einer Holding-SE**
- **Gründung einer Tochter-SE**

Aktiengesellschaften können eine SE durch *Verschmelzung* gründen, vorausgesetzt, mindestens zwei von ihnen unterliegen dem Recht verschiedener Mitgliedsstaaten. Eine nationale AG kann durch *formwechselnde Umwandlung* zur SE werden, wenn sie seit mindestens zwei Jahren eine dem Recht eines anderen Mitgliedsstaates unterliegende Tochtergesellschaft hat.

AG und GmbH können eine *Holding-SE* gründen. Voraussetzung hierfür ist, dass mindestens zwei von ihnen dem Recht unterschiedlicher Mitgliedstaaten unterliegen oder seit mindestens zwei Jahren eine dem Recht eines anderen Mitgliedstaats unterliegende Tochtergesellschaft haben.

Gesellschaften i.S.d. Art. 48 Abs.2 EG können gemeinsame *Tochter-SE* gründen (lesen Sie hierzu Art. 2 SE-VO). Mögliche Gründer sind somit auch alle Gesellschaften des Bürgerlichen Rechts und des Handelsrechts, sowie Genossenschaften. Gem. Art. 36 SE-VO gilt das AG-Gründungsrecht des Mitgliedstaates. Der Rechtsformzusatz der Firma lautet immer „**SE**" (Art. 11 SE-VO).

In jedem Fall ist gem. Art. 12 Abs.1 SE-VO, § 3 SEAG die Eintragung der SE in das Handelsregister erforderlich.

Das Kapital der SE muss mindestens 120.000,00 EUR betragen. Es gibt allerdings spezialgesetzliche Vorgaben, die nach Art des von der Gesellschaft ausgeübten Gewerbes ein höheres Mindestkapital verlangen (bspw. im Pfandbriefgesetz für Kreditinstitute im Pfandbriefgeschäft oder im Investmentgesetz für Kapitalanlagegesellschaften und Depotbanken).

Die Kapitalaufbringung und –erhaltung unterliegt den für Aktiengesellschaften geltenden nationalen Vorschriften, Art. 5 SE-VO.

Die Organe der SE

Bei der Gründung einer SE kann zwischen zwei Systemen gewählt werden. Einerseits kann für die SE wie bei einer AG das Aufsichtsratsmodell (dualistisches System) gewählt werden, oder das Verwaltungsratsmodell (monistisches System). Die Wahl muss jedoch zwingend in der Satzung festgelegt werden (Art. 38 SE-VO).

In beiden Systemen tritt die Hauptversammlung als Willensbildungsorgan der Aktionäre hinzu. Ihre Beschlusskompetenzen decken sich nahezu mit denen der Hauptversammlung in der Aktiengesellschaft.

Im dualistischen System sind die Leitungs- und Überwachungsfunktion voneinander getrennt. Die Mitglieder des Leitungsorgans (vergleichbar dem Vorstand der dt. AG) werden vom Aufsichtsorgan bestellt, dessen Mitglieder wiederum von der Hauptversammlung. Im Wesentlichen gilt hier das zweigliedrige System des deutschen Aktienrechts. In der SEAG finden sich lediglich in den §§ 15-19 Sonderregelungen.

Im monistischen System ist die Leitung dem Verwaltungsrat zugewiesen. Auch dessen Mitglieder werden von der Hauptversammlung gewählt. Der Verwaltungsrat bestellt einen oder mehrere geschäftsführende Direktoren. Diese sind gegenüber dem Verwaltungsrat weisungsgebunden. Dies ist zwischen Vorstand und Aufsichtsrat einer AG anders. Die Direktoren sind daher mehr den Geschäftsführern einer GmbH vergleichbar.

In beiden Systemen tritt die Hauptversammlung als Willensbildungsorgan der Aktionäre hinzu. Ihre Beschlusskompetenzen decken sich weitgehend mit denen der Hauptversammlung einer AG. Insbesondere die Satzungsänderung und die Organbestellung stehen ihr als generelles Grundelement der Kapitalgesellschaft zu.

Die Mitbestimmung in der SE

Da die SE unter Beteiligung bereits bestehender Unternehmen aus unterschiedlichen Mitgliedstaaten gegründet wird, treffen unterschiedliche Repräsentationssysteme für Arbeitnehmer aufeinander. Grundsätzlich soll der höchste Stand der Unternehmens-mitbestimmung geschützt werden. Der in den Gründungsgesellschaften vorhandene Status soll gesichert werden. Spätere Veränderungen führen somit nicht zu einer Anpassung der Mitbestimmungsregeln (sog. *Vorher-Nachher-Prinzip*).

Bei der Gründung können Vereinbarungen über die künftige Mitbestimmung getroffen werden. Zunächst müssen Verhandlungs- und Vereinbarungsparteien bestimmt werden. Im Gesetz ist dafür sogar zwingend die Bildung eines besonderen Verhandlungsgremiums vorgesehen. In diesem Gremium sind die Arbeitnehmer der beteiligten Unternehmen repräsentiert. Dieses besondere Verhandlungsgremium verhandelt mit den Leitungen der beteiligten Unternehmen über die Art und Weise der Arbeitnehmerbeteiligung auf betrieblicher und Unternehmerebene.

Auflösung und Liquidation

Für die Auflösung und Liquidation der SE verweist Art. 63 SE-VO auf das nationale Aktienrecht. Die SE-VO statuiert eine eigenständige Offenlegungspflicht für die Eröffnung und den Abschluss eines Auflösungs-, Liquidations-, Zahlungsunfähig-keits-, und Zahlungseinstellungsverfahrens. Im Ergebnis gelten für die SE keine anderen Offenlegungspflichten, als sie für die Aktiengesellschaften in Deutschland gelten.

1. Warum wurde die SE entwickelt?

Die SE sollte der Harmonisierung des Gesellschaftsrechts in Europa dienen. Sie soll Unternehmen die Möglichkeit schaffen, innerhalb der EU einen gemeinsamen Markt zu errichten.

2. Wie hoch ist das Mindestkapital einer SE in der Regel?

Abgesehen von einigen spezialgesetzlichen Regelungen beträgt das Mindestkapital einer SE 120.000,00 EUR.

3. Welche Funktion hat die SE-VO?

Anders als eine EG-Richtlinie gilt sie unmittelbar und ist Rechtsgrundlage der SE. Ergänzend können noch nationale Regelungen getroffen werden.

4. Wo finden sich in Deutschland solche ergänzenden Regelungen?

Im SE-Ausführungsgesetz und im SE-Beteiligungsgesetz

5. Zwischen welchen Organisationssystemen kann bei Gründung einer SE gewählt werden?

In der Satzung muss festgelegt werden, ob das dualistische oder monistische System gelten soll.

6. Was ist das monistische System?

Das monistische System kennt im Gegensatz zum dualistischen nur ein Leitungsorgan der Gesellschaft, den Verwaltungsrat.

7. Wer wählt die Mitglieder des Verwaltungsrats?

Die Mitglieder des Verwaltungsrates werden von der Hauptversammlung bestellt, die in beiden Systemen vorhanden ist.

8. Welche Gründungstatbestände gibt es?

Eine SE kann durch Verschmelzung, formwechselnde Umwandlung, die Gründung einer Tochter-SE oder einer Holding-SE entstehen.

9. Was ist Voraussetzung dafür, dass eine nationale AG in eine SE umgewandelt werden kann?

Eine formwechselnde Umwandlung ist möglich, wenn die AG seit mindestens zwei Jahren eine Tochtergesellschaft in einem anderen Mitgliedstaat hat.

10. Was besagt das „Vorher-Nachher-Prinzip"?

Bei Gründung einer SE bleibt der Status der Mitbestimmung erhalten, der zu Zeit der Entstehung in den Gründungsgesellschaften vorhanden ist.

12. Kapitel
Die Partnerschaftsgesellschaft

Die Partnergesellschaft ist noch eine recht junge Gesellschaftsform. Das Partnerschaftsgesellschaftsgesetz (PartGG) ist am 01. Juli 1995 in Kraft getreten.

Diese Gesellschaftsform ist gem. § 1 Abs.1 S.1 PartGG für Angehörige Freier Berufe gedacht, da diese sich zuvor nur in Form der Gesellschaft bürgerlichen Rechts zusammenschließen konnten (was sie auch weiterhin können).

Welche Berufe als Freie Berufe i.S. dieses Gesetzes zu verstehen sind, ist unter § 1 Abs.2 S.2 PartGG aufgelistet.

Die Partnerschaftsgesellschaft ist eine Personengesellschaft, übt aber ausdrücklich kein Handelsgewerbe aus (§ 1 Abs.1 S.2 PartGG). Mangels Handelsgewerbes kommt ja gerade für Freiberufler die Gründung einer oHG nicht in Frage. Partner kann nur eine natürliche Person sein (Abs.3).

Gem. § 1 Abs.4 PartGG finden auf diese Gesellschaft die Vorschriften über die GbR Anwendung, soweit nichts anderes bestimmt ist. Im PartGG finden sich aber vereinzelt auch Vorschriften, die ausdrücklich die Anwendung von oHG-Recht vorsehen (z.B. §§ 4 Abs.1, 6 Abs.3, 7 Abs.2-4 PartGG).

Die Gründung

Gegründet wird die Partnerschaft durch Abschluss eines sog. **Partnerschaftsvertrags.** Der Vertrag muss schriftlich abgefasst sein und folgende Mindestangaben enthalten:

- **Name und Sitz der Partnerschaft**
- **Namen, Vornamen und Wohnort jedes Partners, sowie dessen Beruf**
- **Gegenstand der Partnerschaft**

Der Name der Partnerschaft muss den Namen mindestens eines Partners mit dem Zusatz **„und Partner"** oder **„Partnerschaft"** beinhalten, sowie die vertretenen Berufe (§ 2 Abs.1 PartGG).

Bsp.: Die Rechtsanwälte Heinz Meyer und Harry Hunz gründen eine Partnerschaft. Ein zulässiger Name wäre „Meyer und Partner, Rechtsanwälte". Unzulässig hingegen wäre „Kanzlei Meyer und Hunz".

Zu beachten ist, dass innerhalb einer Partnerschaftsgesellschaft auch mehrere Berufe vertreten sein können.

Schließlich muss die Partnerschaft noch nach Maßgabe der §§ 106 Abs.1, 108 HGB in das **Partnerschaftsregister** eingetragen werden. § 5 Abs.2 PartGG bestimmt, dass die Vorschriften über das Handelsregister entsprechend angewendet werden sollen.

Das Innenverhältnis

Das Rechtsverhältnis der Partner untereinander ist in § 6 PartGG geregelt. Es richtet sich danach in erster Linie nach dem Partnerschaftsvertrag (Abs 3). Das Partnerschaftsvermögen ist **Gesamthandsvermögen**.

Gem. Abs.2 können einzelne Partner von der Geschäftsführung ausgeschlossen werden. Der von ihnen ausgeübte Beruf darf dadurch jedoch nicht beeinträchtigt werden.

Für die Erbringung ihrer Leistungen unterliegen die einzelnen Partner dem jeweiligen für ihren Beruf geltenden Berufsrecht.

Das Außenverhältnis

Im Außenverhältnis ist jeder Partner gem. § 7 Abs.3 PartGG i.V.m. § 125 Abs.1 HGB zur **Vertretung** befugt. Jeder Partner ist also zur Vertretung ermächtigt, wenn er nicht durch den Partnerschaftsvertrag von der Vertretung ausgeschlossen ist.

§ 125 Abs.3 HGB kann hier selbstverständlich nicht angewendet werden, da die Partnerschaftsgesellschaft keine Handelsgesellschaft ist.

Haben die Partner sich vertraglich auf eine der Alternativen des § 125 Abs.4 HGB festgelegt, muss dies im Partnerschaftsregister eingetragen werden.

Gem. § 7 Abs.3 PartGG i.V.m. § 126 Abs.1 HGB erstreckt sich die Vertretungsmacht auf alle gerichtlichen und außergerichtlichen Rechtshandlungen.

Die **Haftung** ist in § 8 PartGG geregelt. Nach Abs.1 S.1 haften die Partner den Gläubigern als Gesamtschuldner neben dem Vermögen. D.h.: Wie auch bei der Haftung der oHG, kann sich der Gläubiger sofort an einen der Partner wenden und muss nicht den Umweg über die Gesellschaft nehmen. Abs.1 S.2 stellt fest, dass die §§ 129, 130 HGB auch für die Partnergesellschaft gelten.

Siehe dazu oben: „Die Haftung bei der oHG"

Die Absätze 2 und 3 sehen **Haftungsbeschränkungen** für die Partner vor. Sie sind es vorwiegend, die diese Gesellschaftsform für Freiberufler attraktiv machen.

Nach Abs.2 haftet für berufliche Fehler nur der Partner, der mit der Bearbeitung des betreffenden Auftrags tatsächlich befasst war.

Bsp.: Hat gemäß dem obigen Beispiel Anwalt Meyer unsorgfältigst eine Klage vorbereitet, so dass Schadensersatzansprüche für den Mandanten M entstehen, kann dieser sich an die Gesellschaft „Meyer und Partner, RA" oder direkt an Anwalt Meyer wenden. Den Partner Hunz kann er hingegen nicht direkt in Anspruch nehmen.

Nach Abs.3 kann durch Gesetz für einzelne Berufe eine Beschränkung der Haftung für Ansprüche aus Schäden wegen fehlerhafter Berufsausübung auf einen bestimmten Höchstbetrag zugelassen werden, wenn zugleich eine Pflicht zum Abschluss einer Berufshaftungspflichtversicherung der Partner oder der Partnerschaft begründet wird.

§ 10 Abs.2 PartGG betrifft schließlich noch die Haftung ausscheidender Gesellschafter. Für sie sollen die §§ 159, 160 HGB entsprechend gelten.

Die Beendigung

Die Partnerschaftsgesellschaft wird ebenfalls durch Auflösung und anschließender Liquidation beendet.

Für die Auflösung gelten nach § 9 Abs.1 PartGG die §§ 131-144 HGB und für die Liquidation nach § 10 Abs.1 PartGG die §§ 145- 158 HGB (siehe oben).

Ein Partner, der seine erforderliche Berufszulassung verliert, scheidet mit deren Verlust aus der Partnerschaft aus.

1. Weshalb können Freiberufler sich nicht zu einer oHG zusammenschließen?

Freiberufler betreiben kein Gewerbe i.S.d. HGB.

2. Was muss der Name der Partnerschaft enthalten?

Den Zusatz „und Partner" oder „Partnerschaft" und die vertretenen Berufe.

3. Was ist für die Ausgestaltung des Innenverhältnisses ausschlaggebend?

In der Regel der Partnerschaftsvertrag.

4. Warum gilt § 125 Abs. 3 HGB nicht für die Partnergesellschaft?

Die Partnergesellschaft betreibt kein Handelsgewerbe.

5. Wo finden sich Haftungsbeschränkungen für die Partner?

In § 8 Abs.2 und 3 PartGG.

13. Kapitel
Die wichtigsten Änderungen durch das MoMIG im Überblick

Das Gesetz zur Modernisierung des GmbH-Rechts (MoMIG) ist die größte Novelle des GmbH-Rechts seit 1980. Dementsprechend ist es auch eines der bedeutendsten rechtspolitischen Gesetze dieser Wahlperiode. Mit dem **01. November 2008** ist es in Kraft getreten.

Fragen zu dieser Reform können insbesondere für die mündliche Prüfung im ersten und zweiten Staatsexamen relevant werden.

Aus diesem Grunde sollen an dieser Stelle die wichtigsten Änderungen sowie die mit ihnen verbundenen Absichten und Risiken dargestellt werden.

Ziel der Reform ist es, das GmbHG grundlegend zu modernisieren. Existenz-gründungen sollen erleichtert und die Registereintragung von GmbHs beschleunigt werden. Die deutsche GmbH soll zudem international wettbewerbsfähig sein. Schließlich sollen Missbrauchsfälle, insbesondere in der Phase der Liquidation von GmbHs weitgehend verhindert werden.

Als wichtigste Änderung ist mit dem MoMIG eine **Unternehmergesellschaft (UG)**, auch *Ein-Euro-GmbH* oder *Mini-GmbH* genannt, in das GmbH-Recht eingeführt worden (siehe hierzu bereits die Ausführungen in der Einleitung). Bei der Mini GmbH soll es sich dabei quasi um die deutsche Variante der britischen *Limited* handeln, ist also als Gegengewicht dazu zu begreifen.

Die Zahl der Limited-Gründungen in Deutschland ist rückläufig, weshalb der Sinn einer deutschen Variante im Bundestag in Frage gestellt wurde. Eine Limited-Gründung hat zudem auch Nachteile. Der Jahresbericht muss beispielsweise in englischer Sprache abgefasst sein. Geht dieser nicht fristgemäß in Großbritannien ein, wird die Limited automatisch gelöscht. Die laufenden Kosten einer Limited sind wegen der Pflichten in Großbritannien nicht unerheblich. Solche Nachteile soll die deutsche Mini-GmbH gerade ausgleichen, weshalb sie für jene attraktiv sein wird, für die bislang die Gründung einer Limited die einzige Perspektive war.

Die neue Unternehmergesellschaft (haftungsbeschränkt)

Diese Gesellschaft ist eine **Unterform der GmbH**, also keine eigene Gesellschaftsform. Daher ist sie rechtlich im neuen GmbHG verankert. Die Regeln des GmbHG für die "regulären" GmbHs gelten deshalb auch für diese "1-Euro-GmbHs", soweit das Gesetz keine Abweichungen vorsieht.

Die Gründung der UG

Die Gründung erfolgt in einem vereinfachten Verfahren gem. § 2a GmbHG:

§ 2 Abs. 1 a GmbHG

„Die Gesellschaft kann in einem vereinfachten Verfahren gegründet werden, wenn sie höchstens drei Gesellschafter und einen Geschäftsführer hat. Für die Gründung im vereinfachten Verfahren ist das in der Anlage bestimmte Musterprotokoll zu verwenden. Darüber hinaus dürfen keine vom Gesetz abweichenden Bestimmungen getroffen werden. Das Musterprotokoll gilt zugleich als Gesellschafterliste. Im Übrigen finden auf das Musterprotokoll die Vorschriften dieses Gesetzes über den Gesellschaftsvertrag entsprechend Anwendung."

Kern dieses Verfahrens ist die Verwendung eines **Musterprotokolls.**
Die beiden Musterprotokolle sind am Ende des Kapitels als Anhang abgedruckt; download unter "www.musterprotokolle.de".

Es gibt derer zwei:
- eines für die Gründung einer **Ein-Personen-GmbH** und
- eines für eine **GmbH mit mehreren, maximal drei Gesellschaftern.**

Die **Musterprotokolle ersetzen drei der sonst für die Gründung erforderlichen Dokumente:**

- **den Gesellschaftsvertrag (Satzung)**
- **die Gesellschafterliste**
- **die Bestellung des Geschäftsführers.**

Zur Vereinfachung sind in dem Musterprotokoll also bereits der **Gesellschaftsvertrag**, die **Geschäftsführerbestellung** und die **Gesellschafterliste** zusammengefasst, die als Mindestinhalte aber auch **enthalten sein müssen.**

Gegründet werden kann die Mini-GmbH auch von juristischen Personen und es gibt keine Beschränkung hinsichtlich der Anzahl der Mini-GmbH-Gründungen durch ein und dieselbe Person.

Die Regeln für die vereinfachte Gründung mittels des sog. Musterprotokolls sind nur anwendbar, wenn dieses Protokoll so Verwendung findet, wie es als Anlage zum Gesetz abgefasst ist. Es darf also **nicht geändert** werden.

Möglich sind aber **Ergänzungen** unter Pkt.7 des Protokolls in Form eines Hinweises durch den Notar. Wo dabei die Grenzen liegen, bleibt abzuwarten. Jedenfalls dürften Änderungen, die dem Rest des Musterprotokolls widersprechen unzulässig sein.

§ 5 a GmbHG

„Unternehmergesellschaft

(1) Eine Gesellschaft, die mit einem Stammkapital gegründet wird, das den Betrag des Mindeststammkapitals nach § 5 Abs.1 unterschreitet, muss in der Firma abweichend von § 4 die Bezeichnung „Unternehmergesellschaft (haftungsbeschränkt)" oder „UG (haftungsbeschränkt)" führen.

(2) Abweichend von § 7 Abs.2 darf die Anmeldung erst erfolgen, wenn das Stammkapital in voller Höhe eingezahlt ist. Sacheinlagen sind ausgeschlossen.

(3) In der Bilanz des nach den §§ 242, 264 des Handelsgesetzbuchs aufzustellenden Jahresabschlusses ist eine gesetzliche Rücklage zu bilden, in die ein Viertel des um einen Verlustvortrag aus dem Vorjahr geminderten Jahresüberschusses einzustellen ist. Die Rücklage darf nur verwandt werden

1. für Zwecke des § 57c;

2. zum Ausgleich eines Jahresfehlbetrags, soweit er nicht durch einen Gewinnvortrag aus dem Vorjahr gedeckt ist;

zum Ausgleich eines Verlustvortrags aus dem Vorjahr, soweit er nicht durch einen Jahresüberschuss gedeckt ist."

§ 5 Abs.1 GmbHG

„Das Stammkapital der Gesellschaft muss mindestens fünfundzwanzigtausend Euro betragen."

Die **reguläre GmbH** muss nach wie vor ein **Mindeststammkapital von 25.000 €** aufweisen.

Die geplanten Änderungen für eine Herabsetzung auf 10.000 € oder gar weniger wurden angesichts der Einführung der neuen Mini-GmbH verworfen.

Die Mini-GmbH muss lediglich ein Mindeststammkapital von 1 € aufweisen (daher auch der Name "1-Euro-GmbH").

Es ist der Betrag frei wählbar. Die Einlage hat in Geld zu erfolgen. Die Stammeinlagen müssen in vollen Eurobeträgen bestehen. Sacheinlagen sind bei der Mini-GmbH unzulässig.

Das Stammkapital muss entweder sofort in voller Höhe oder sofort zu 50%, der Rest dann nach Einforderung durch die Gesellschafterversammlung erbracht werden. Aber erst bei vollständiger Einzahlung kann die Anmeldung zum Handelsregister erfolgen.

Bildung einer Rücklage

Es besteht gem. § 5a Abs.3 GmbHG die Pflicht, 25% des sich aus der Bilanz ergebenden Jahresgewinns einzustellen. Der Jahresgewinn darf um einen Verlustvortrag aus dem Vorjahr vermindert werden. Die Rücklage darf nur zu den in dem § 5a Abs.3 S.2 GmbHG genannten Zwecken verwendet werden. Die Zuweisungen an die Rücklage sind solange vorzunehmen, bis das Stammkapital einer regulären GmbH, also 25.000 €, erreicht ist.

"Umwandlung" in eine reguläre GmbH

Ist eine Rücklage in Höhe von 25.000 € erreicht, kann eine Umfirmierung der UG (haftungsbeschränkt) in eine normale GmbH erfolgen. Da die Mini-GmbH bereits eine GmbH ist, handelt es sich nicht um eine Umwandlung i.S.d. Umwandlungsrechts.

Der Gesellschaftsvertrag - Satzung

Dieser ist zwar eigentlich erforderlich, wird aber in diesen Fällen durch das Musterprotokoll ersetzt, das die Mindestanforderungen an einen Gesellschaftsvertrag insoweit erfüllt.

Hinweis: diese Musterprotokolle können natürlich auch für die Gründung einer regulären GmbH verwendet werden, wobei dann aber die allgemeinen Regeln des GmbHG gelten.

Die Firmierung

Die Firma der Mini-GmbH muss die **besondere Form der GmbH** erkennen lassen.

Daher muss der Zusatz
- *UG (haftungsbeschränkt) oder*
- *Unternehmergesellschaft (haftungsbeschränkt)*
in der Firma enthalten sein. Eine Abkürzung des Zusatzes "haftungsbeschränkt" ist unzulässig. Ansonsten gelten die allgemeinen Regeln über die richtige Firmierung.

Sitz der Gesellschaft

§ 4 a GmbHG

„Sitz der Gesellschaft ist der Ort im Inland, den der Gesellschaftsvertrag bestimmt."

§ 4 a GmbHG hat jetzt nur noch einen Absatz. In den früheren Absatz 1 wurden die Worte „im Inland" eingefügt.

Der **Satzungssitz** ist damit nach wie vor **inländisch**, aber nun soll es deutschen Gesellschaften möglich sein, ihren **Verwaltungssitz im Ausland** zu wählen, wie es bei der britischen Limited bislang auch schon möglich war. Von dort kann ggf. die gesamte Steuerung der Gesellschaft erfolgen.

Unternehmen mit Verwaltungssitz im Ausland bleiben dennoch deutsche GmbHs! Eine Umgehung der Mitbestimmung ist darüber nicht möglich, da es für diese auf die Arbeitnehmer in Deutschland ankommt.

Der Unternehmensgegenstand

Hier gelten die allgemeinen Regeln des GmbH-Rechts, das keine besonderen Einschränkungen enthält. Der Gegenstand kann daher praktisch frei festgelegt werden, entfaltet aber insoweit gewisse Bindungswirkungen in der Gesellschaft.

Die Gesellschafterliste

Die Anforderungen an die Vorlage einer Gesellschafterliste werden bei der UG (haftungsbeschränkt) durch das entsprechende Musterprotokoll erfüllt. Damit entfällt die sonst notwendige Vorlage einer beurkundeten Gesellschafterliste zur Handelsregistereintragung. Das beurkundete Musterprotokoll genügt insoweit.

Gesellschafterversammlung

Die normalerweise für die Eintragung ins Handelsregister notwendige notariell beurkundete durchgehend nummerierte Liste der Gesellschafter mit deren Geschäftsanteilen wird durch die Vorlage des beurkundeten Musterprotokolls ersetzt. Damit wird die Anmeldung zum HR erheblich vereinfacht.

Geschäftsführung

Die Geschäftsführung kann durch einen Gesellschafter aber auch durch Fremde Dritte erfolgen. Die Bestellung ist im Musterprotokoll unter Pkt.4 zu vermerken. Geschäftsführer können nur natürliche Personen sein.

Beachten Sie den geänderten § 6 GmbHG, durch den festgelegt wird, wann eine Person nicht Geschäftsführer sein kann – dies gilt auch für die Mini-GmbH.

§ 6 GmbHG

Hier wurde Absatz 2, S. 2-4 neu gefasst:

„ *Geschäftsführer kann nicht sein, wer*
1. *als Betreuer bei der Besorgung seiner Vermögensangelegenheiten ganz oder teilweise einem Einwilligungsvorbehalt (§ 1903 des BGB) unterliegt,*
2. *aufgrund eines gerichtlichen Urteils oder einer vollziehbaren Entscheidung einer Verwaltungsbehörde einen Beruf, einen Berufszweig, ein Gewerbe oder einen Gewerbezweig nicht ausüben darf, sofern der Unternehmensgegenstand ganz oder teilweise mit dem Gegenstand des Verbots übereinstimmt.*
3. *wegen einer oder mehrerer vorsätzlich begangener Straftaten*
   a) *des Unterlassens der Stellung des Antrags auf Eröffnung des Insolvenzverfahrens (Insolvenzverschleppung),*
   b) *nach den §§ 283 bis 283d des Strafgesetzbuchs (Insolvenzstraftaten),*
   c) *der falschen Angaben nach § 82 dieses Gesetzes oder § 399 des Aktiengesetzes,*
   d) *der unrichtigen Darstellung nach § 400 des Aktiengesetzes, § 331 des Handelsgesetzbuchs, § 313 des Umwandlungsgesetzes oder § 17 des Publizitätsgesetzes oder*
   e) *nach den §§ 263 bis 264a oder §§ 265 b bis 266a des Strafgesetzbuchs zu einer Freiheitsstrafe von mindestens einem Jahr verurteilt worden ist; dieser Ausschluss gilt für die Dauer von fünf Jahren seit der Rechtskraft des Urteils, wobei die Zeit nicht eingerechnet wird, in welcher der Täter auf behördliche Anordnung in einer Anstalt verwahrt worden ist.“*

In erster Linie ist § 6 Abs.2 GmbHG neu strukturiert und damit übersichtlicher geworden. Die Bestellungshindernisse für Geschäftsführer sind aber auch deutlich erweitert worden. Insbesondere durch die Schaffung der Nr.3 e) sind der Grundtatbestand des Betrugs sowie dessen bislang noch nicht erfassten Sondertatbestände mit aufgenommen worden.

Die Haftung

Die Gesellschafterhaftung bei der Mini-GmbH entspricht der bei der regulären, d.h. nach vollständiger Erbringung der Einlage haftet der Gesellschafter nicht mehr. Da bei der Mini-GmbH die Eintragung ins Handelsregister aber erst nach vollständiger Leistung der Einlage erfolgt und erst dann die Mini-GmbH entsteht, kann man sagen, dass der Gesellschafter einer solchen GmbH grundsätzlich nicht haftet.

Beachten Sie aber insoweit den neuen Abs.5 in § 6 GmbHG:

"Gesellschafter, die vorsätzlich oder grob fahrlässig einer Person, die nicht Geschäftsführer sein kann, die Führung der Geschäfte überlassen, haften der Gesellschaft solidarisch für den Schaden, der dadurch entsteht, dass diese Person die ihr gegenüber der Gesellschaft bestehenden Obliegenheiten verletzt."

Hierdurch wird inhaltlich eine Schadensersatzpflicht für Gesellschafter begründet, wenn sie vorsätzlich oder grob fahrlässig einer Person, die nicht Geschäftsführer sein kann, die Führung der Geschäfte überlassen. Entscheidend ist, dass eine unter Verstoß gegen § 6 Abs.2 vorgenommene Bestellung **nicht rechtswirksam** und damit eine Abberufung nicht notwendig ist. Eine solche Bestellung ist nichtig, und auch der nachträgliche Eintritt eines Bestellungshindernisses führt *ipso jure* zum sofortigen Amtsverlust.

Die Haftung des Geschäftsführers (insbesondere gegenüber Sozialversicherungs- trägern und Finanzbehörden) folgt den allgemeinen Regeln der normalen GmbH.

Formanforderungen

Während bei der regulären GmbH eine umfangreiche notarielle Beurkundung des Gesellschaftsvertrags usw. erforderlich ist, genügt für die Mini-GmbH die notarielle Beurkundung des Musterprotokolls.

Eintrag ins Handelsregister

Die Eintragung erfolgt auch Antrag beim Registergericht. Dieser geschieht durch eine elektronische Übermittlung der Daten vom Notar an das Registergericht. Dadurch wird u.a. die korrekte Firmierung der Gesellschaft und die Information der Finanzbehörden gesichert.

Für die Eintragung ist nur die vollständige Leistung der Einlage und das notariell beurkundete Musterprotokoll erforderlich. So bedarf es insbesondere keiner behördlichen Genehmigungen.

Ansonsten geschieht die Eintragung wie bei einer regulären GmbH mit Register-Nr. etc.

Kosten der Gründung

Die **Gründung** soll durch die Verwendung des Musterprotokolls nicht nur einfacher und schneller, sondern auch preisgünstiger erfolgen, als bei einer regulären GmbH.

Die Gründung einer Unternehmergesellschaft (haftungsbeschränkt) dürfte für Notar und Handelsregistereintag ca. 150 € kosten, denn bei Verwendung des Muster-protokolls sieht der ebenfalls neu eingefügte § 41d der Kostenordnung (KostO, Schönfelder Nr.119) eine kostenrechtliche Privilegierung der Unternehmergesell-schaft vor. Die Gründung erfordert damit nur einen Bruchteil der Kosten, die bei der Gründung einer regulären GmbH entstehen. Auch die Gründung einer Ltd. löst insgesamt erheblich höhere Kosten aus.

Eine Beratung durch den Notar (wenn erforderlich oder gewünscht) wird allerdings mit zusätzlichen Kosten zu Buche schlagen.

Gründungsdauer

Die Gründung wird aufgrund der Vereinfachung auch erheblich kürzere Zeit in Anspruch nehmen. Man kann mit etwa ein bis drei Wochen bis zur Eintragung rechnen, je nachdem wie das Registergericht arbeitet. Damit geschieht das zwar schneller als bei einer regulären GmbH, aber längst nicht so schnell wie bei der Limited, bei der es im Extremfall nur ca 24 Std. dauern soll.

Entstehung der Mini-GmbH

Es gelten insoweit die gleichen Grundsätze wie bei der Gründung einer regulären GmbH. Sie **entsteht** also erst **mit Eintragung im Handelsregister**. Zuvor handelt es sich um eine Vorgesellschaft (Vor-GmbH) bzw. Vorgründungsgesellschaft mit den daraus folgenden haftungsrechtlichen Folgen.

Siehe dazu oben S.60f.

Steuerliche Aspekte

Grundsätzlich ist die steuerrechtliche Behandlung der Mini-GmbH mit der regulären GmbH identisch.

Allerdings kann die Mini-GmbH die Gründungskosten nur bis 300 € als eigene Betriebsausgabe absetzen, der übersteigende Betrag ist von den Gesellschaftern zu tragen und geltend zu machen.

Die Mini-GmbH ist wie die reguläre GmbH **körperschaftsteuer- und gewerbe-steuerpflichtig**. Die **Gewinnanteile der Gesellschafter** unterliegen bei Aus-schüttung den **Einkünften aus Kapitalvermögen**, die ab 2009 mit der sog. 25%igen "Abgeltungssteuer" besteuert werden.

Erforderlich ist das Führen von Büchern, das Erstellen eines Jahresabschlusses in Form einer Bilanz und die Abgabe entsprechender Steuererklärungen.

Weitere Aspekte zur UG (haftungsbeschränkt)

Diese neue Form der Mini-GmbH birgt aber auch **Risiken**, deren Umfang erst die Praxis zeigen wird. Es wird sich zeigen müssen, ob diese neuen Regelungen entgegen der Intention des Gesetzgebers nicht sogar dem Missbrauch Vorschub leisten, indem beispielsweise die vorgeschriebene gesetzliche Rücklage allzu leicht umgangen werden kann. Zudem ist besonders im Anfangsstadium der Gläubiger-schutz nur unzureichend. Ebenso könnte sich die Kreditvergabe als Hürde erweisen, wenn keine persönliche Sicherheitsleistung erbracht werden kann.

Die Mini-GmbH soll dem Wettbewerb mit entsprechenden ausländischen Rechts-formen standhalten können. Andererseits soll die in über hundert Jahren erworbene Reputation der ursprünglichen GmbH gewahrt bleiben, indem das Mindestkapital mit seiner Funktion als Seriositätsschwelle bei 25.000 Euro belassen und nicht abgesenkt wurde.

Problematisch könnte sich in der Praxis der gegenüber der normalen GmbH geringere Gläubigerschutz erweisen. Denn auch die UG bietet dem Unternehmer die Möglichkeit, seine Haftung auf das Vermögen der Gesellschaft zu beschränken. Auch mit der Gründung einer Unternehmergesellschaft haftet der Gründer nur für vorsätzliches Handeln mit seinem Privatvermögen. Wegen des fehlenden Mindest-kapitals bestehen daher Bedenken hinsichtlich des Gläubigerschutzes.

Andererseits zeigt sich bei der Vielzahl insolventer klassischer GmbHs, dass das höhere Stammkapital tatsächlich oft keinerlei Gläubigerschutz bietet, denn es muss nur eingezahlt werden, kann aber dann in irgendeiner Weise für den Betrieb – also auch für den geschäftsführenden Alleingesellschafter! - verwendet werden, so dass bereits kurz nach der Gründung der GmbH keinerlei Gelder mehr vorhanden sind, auf die Gläubiger zugreifen könnten.

Daher muss das Argument des bei der Mini-GmbH fehlenden Gläubigerschutzes als wenig stichhaltig angesehen werden.

Auch können für die Gründung der Mini-GmbH Fördermittel, wie Gründungszuschuss oder Einstiegsgeld bei der Arbeitsagentur beantragt werden.

Weitere Änderungen des GmbHG

§ 10 Abs.2 GmbHG

Dem Abs.2 wurde folgender Satz angefügt:

„Wenn eine Person, die für Willenserklärungen und Zustellungen an die Gesellschaft empfangsberechtigt ist, mit einer inländischen Anschrift zur Eintragung in das Handelsregister angemeldet wird, sind auch diese Angaben einzutragen; Dritten gegenüber gilt die Empfangsberechtigung als fortbestehend, bis sie im Handelsregister gelöscht und die Löschung bekannt gemacht worden ist, es sei denn, dass die fehlende Empfangsberechtigung dem Dritten bekannt war."

Gesellschaften können künftig die Anschrift einer für sie „empfangsberechtigten Person" in das Handelsregister eintragen lassen. Dadurch soll klargestellt werden, dass sich die Empfangsberechtigung dieser Person nicht nur auf Zustellungen beschränken, sondern auch auf den Empfang von Willenserklärungen erstrecken soll.

§ 35 GmbHG

Dem Abs.1 wurde folgender Satz angefügt:

„Hat eine Gesellschaft keinen Geschäftsführer (Führungslosigkeit), wird die Gesellschaft für den Fall, dass ihr gegenüber Willenserklärungen abgegeben oder Schriftstücke zugestellt werden, durch die Gesellschafter vertreten."

Die GmbH soll im Falle ihrer Führungslosigkeit durch die Mitglieder des Aufsichtsrates oder, wenn ein solcher nicht besteht, durch die Gesellschafter vertreten werden. Der Abs. 2 wurde insoweit neu gefasst, dass er dem § 10 Abs.2 entspricht.

Die Änderungen im GmbHG wirken sich auch auf viele weitere Gesetze aus. So sind Änderungen ebenfalls im Handelsgesetzbuch, im Aktiengesetz oder der Insolvenzordnung erforderlich geworden.

Diese alle im Einzelnen darzustellen, würde den Rahmen dieses Skripts allerdings sprengen und dürfte für Studium und Referendariat wenig relevant sein.

Musterprotokoll für die Gründung einer Einpersonengesellschaft

UR. Nr. _____

Heute, den _____, erschien vor mir,
_____, Notar/in mit dem Amtssitz in _____,

Herr/Frau[1]

_____

_____

_____[2]

_____ .

1. Der Erschienene errichtet hiermit nach § 2 Abs. 1a GmbHG eine Gesellschaft mit beschränkter Haftung unter der Firma _____ mit dem Sitz in _____ .

2. Gegenstand des Unternehmens ist _____ .

3. Das Stammkapital der Gesellschaft beträgt _____ € (i.W. _____Euro) und wird vollständig von Herrn/Frau[1] _____ (Geschäftsanteil Nr. 1) übernommen. Die Einlage ist in Geld zu erbringen, und zwar sofort in voller Höhe/ zu 50 % sofort, im Übrigen sobald die Gesellschafterversammlung ihre Einforderung beschließt[3].

4. Zum Geschäftsführer der Gesellschaft wird Herr/Frau[4] _____, geboren am _____, wohnhaft in _____, bestellt. Der Geschäftsführer ist von den Beschränkungen des § 181 des Bürgerlichen Gesetzbuchs befreit.

5. Die Gesellschaft trägt die mit der Gründung verbundenen Kosten bis zu einem Gesamtbetrag von 300 €, höchstens jedoch bis zum Betrag ihres Stammkapitals. Darüber hinausgehende Kosten trägt der Gesellschafter.

6. Von dieser Urkunde erhält eine Ausfertigung der Gesellschafter, beglaubigte Ablichtungen die Gesellschaft und das Registergericht (in elektronischer Form) sowie eine einfache Abschrift das Finanzamt – Körperschaftsteuerstelle –.

7. Der Erschienene wurde vom Notar/von der Notarin insbesondere auf folgendes hingewiesen:_____

Hinweise:
[1] Nicht Zutreffendes streichen. Bei juristischen Personen ist die Anrede Herr/Frau wegzulassen.
[2] Hier sind neben der Bezeichnung des Gesellschafters und den Angaben zur notariellen Identitätsfeststellung ggf. der Güterstand und die Zustimmung des Ehegatten sowie die Angaben zu einer etwaigen Vertretung zu vermerken.
[3] Nicht Zutreffendes streichen. Bei der Unternehmergesellschaft muss die zweite Alternative gestrichen werden.
[4] Nicht Zutreffendes streichen.

Musterprotokoll für die Gründung einer Mehrpersonengesellschaft mit bis zu drei Gesellschaftern

UR. Nr. _____

Heute, den _____, erschienen vor mir, _____, Notar/in mit dem Amtssitz in _____,

Herr/Frau[1]

_____
_____
_____
_____[2],

Herr/Frau[1]

_____
_____
_____
_____[2],

Herr/Frau[1]

_____
_____
_____
_____[2].

1. Die Erschienenen errichten hiermit nach § 2 Abs. 1a GmbHG eine Gesellschaft mit beschränkter Haftung unter der Firma _____ mit dem Sitz in _____.

2. Gegenstand des Unternehmens ist _____.

3. Das Stammkapital der Gesellschaft beträgt _____€ (i.W. _____Euro) und wird wie folgt übernommen:

Herr/Frau[1] _____ übernimmt einen Geschäftsanteil mit einem Nennbetrag in Höhe von _____€ (i.W. _____Euro) (Geschäftsanteil Nr. 1),

Herr/Frau[1] _____ übernimmt einen Geschäftsanteil mit einem Nennbetrag in Höhe von _____€ (i.W. _____Euro) (Geschäftsanteil Nr. 2),

Herr/Frau[1] _____ übernimmt einen Geschäftsanteil mit einem Nennbetrag in Höhe von _____€ (i.W. _____Euro) (Geschäftsanteil Nr. 3).

Die Einlagen sind in Geld zu erbringen, und zwar sofort in voller Höhe/zu 50 % sofort, im Übrigen sobald die Gesellschafterversammlung ihre Einforderung beschließt[3].

4. Zum Geschäftsführer der Gesellschaft wird Herr/Frau[4] _____,
geboren am _____, wohnhaft in _____,
bestellt. Der Geschäftsführer ist von den Beschränkungen des § 181 des
Bürgerlichen Gesetzbuchs befreit.

5. Die Gesellschaft trägt die mit der Gründung verbundenen Kosten bis zu einem
Gesamtbetrag von 300 €, höchstens jedoch bis zum Betrag ihres Stammkapitals.
Darüber hinausgehende Kosten tragen die Gesellschafter im Verhältnis der
Nennbeträge ihrer Geschäftsanteile.

6. Von dieser Urkunde erhält eine Ausfertigung jeder Gesellschafter, beglaubigte
Ablichtungen die Gesellschaft und das Registergericht (in elektronischer Form)
sowie eine einfache Abschrift das Finanzamt – Körperschaftsteuerstelle –.

7. Die Erschienenen wurden vom Notar/von der Notarin insbesondere auf folgendes
hingewiesen: _____

Hinweise:
[1] Nicht Zutreffendes streichen. Bei juristischen Personen ist die Anrede Herr/Frau wegzulassen.
[2] Hier sind neben der Bezeichnung des Gesellschafters und den Angaben zur notariellen Identitätsfeststellung ggf. der Güterstand und die Zustimmung des Ehegatten sowie die Angaben zu einer etwaigen Vertretung zu vermerken.
[3] Nicht Zutreffendes streichen. Bei der Unternehmergesellschaft muss die zweite Alternative gestrichen werden.
[4] Nicht Zutreffendes streichen.

1. Was ist die wesentlichste Änderung im Rahmen des MoMIGs?

Die wesentlichste Neuerung ist die Einführung einer Unterform der GmbH, die weniger Eigenkapital erfordert und weniger formalen Anforderungen genügen muss. Eine Gründung soll wesentlich schneller und preisgünstiger erfolgen können.

2. Was muss die UG leisten, um die Hürde von 25.000 Euro Mindestkapital zu vermeiden?

25 % ihres Gewinns müssen mindestens als Rücklage eingesetzt werden. Problematisch ist nach wie vor, wie eine Umgehung vermieden werden kann.

3. Wie ist die UG rechtlich einzuordnen?

Die UG ist eine Unterform der GmbH, mithin keine eigene Rechtsform.

4. Wer haftet bei der Mini-GmbH?

Auch bei der UG ist die Haftung auf das Gesellschaftsvermögen beschränkt. Die Gesellschafter haften persönlich nur für vorsätzliches Handeln.

5. Was ist Bedingung dafür, dass die UG nur ein Mindestkapital von nur einem Euro erfordert?

Die UG muss gleich der GmbH als haftungsbeschränkt firmieren und zusätzlich 25 % ihres Gewinns als Rücklage einsetzen.

6. Welche wesentlichen Inhalte enthält das Musterprotokoll?

1. Den Gesellschaftsvertrag

2. Die Gesellschafterbestellung

3. Die Gesellschafterliste

7. Was bedeutet eine Gesellschafterbestellung, die gegen § 6 Abs.2 verstößt?

Eine gegen § 6 Abs.2 verstoßende Gesellschafterbestellung ist rechtlich unwirksam. Daher ist eine Abberufung des Geschäftsführers gar nicht erst erforderlich.

8. Wofür haften Gesellschafter nun nach § 6 Abs.5 GmbHG?

Die Gesellschafter sind danach schadensersatzpflichtig, wenn sie vorsätzlich oder grob fahrlässig einer Person die Führung der Geschäfte überlassen, die nach § 6 GmbHG nicht Geschäftsführer sein kann.

9. Was passiert im Falle der Führungslosigkeit (z.B. durch Tod)?

In einem solchen Falle soll die Gesellschaft entweder durch die Mitglieder des Aufsichtsrates oder einfach durch die Gesellschafter vertreten werden.

Stichwortverzeichnis

135